Zur Autorin

Regine Hildebrandt, Jahrgang 1941, Studium der Biologie an der Humboldt-Universität Berlin, 1968 Promotion zum Dr. rer. nat. In der ehemaligen DDR engagierte sie sich zur Wendezeit in der Bürgerbewegung »Demokratie Jetzt«; im Oktober 1989 Eintritt in die neugegründete Ost-»SPD«. Arbeits- und Sozialministerin im letzten DDR-Kabinett unter de Maizière; bei den Landtagswahlen 1990 kandidierte sie für die SPD in Brandenburg und übernahm nach dem Wahlsieg in der Landesregierung das Arbeits-, Sozial-, Gesundheits- und Frauenministerium. In allen diesen Bereichen gibt es im Land Brandenburg große Probleme, und Frau Hildebrandt hat sich von Anfang an für Arbeitslose und von Arbeitslosigkeit bedrohte Menschen eingesetzt – insbesondere für Frauen, Langzeitarbeitslose, Jugendliche und ältere Arbeitnehmer. Nach dem Wahlsieg der SPD bei den Landtagswahlen im Herbst 1994 führt Regine Hildebrandt ihr Ministerium weiter. Frau Hildebrandt ist verheiratet und Mutter von drei Kindern.

Zum Herausgeber

Horst Herrmann, Jahrgang 1940, Dr. theol., wurde 1971 Professor für katholisches Kirchenrecht an der Universität Münster, seit 1981 lehrt er Soziologie an derselben Universität. In vielen Veröffentlichungen hat er kritische Themen behandelt und immer wieder – auch in den Medien – Denkanstöße für breite öffentliche Diskussionen geliefert.

querdenken! – die neue Sachbuch-Reihe
im Goldmann Taschenbuch:
Karlheinz Deschner: Was ich denke (12351)
Eugen Drewermann: Was ich denke (12532)
Horst Herrmann: Was ich denke (12515)
Adolf Holl: Was ich denke (12537)
Regine Hildebrandt: Was ich denke (12557)

Herausgegeben von
Prof. Dr. Horst Herrmann

Regine Hildebrandt

Was ich denke

GOLDMANN VERLAG

Originalausgabe

Umwelthinweis:
Alle bedruckten Materialien
dieses Taschenbuches sind chlorfrei
und umweltschonend.

Der Goldmann Verlag
ist ein Unternehmen der Verlagsgruppe Bertelsmann

Copyright © 1994 by Wilhelm Goldmann Verlag, München
Umschlaggestaltung: Design Team München
Umschlagfoto: Oed/Südd. Verlag Bilderdienst, München
Satz: Uhl + Massopust, Aalen
Druck: Presse-Druck Augsburg
Verlagsnummer: 12557
Lektorat: Silvia Kuttny
Herstellung: Stefan Hansen
Made in Germany
ISBN 3-442-12557-X

1 3 5 7 9 10 8 6 4 2

1
Geradeheraus: Ich grüble nicht, ich mache

Da haben wir's, höre ich all jene hämisch sagen, die mir manchmal am liebsten den Mund verbieten würden, weil ich ihnen nicht nach dem Munde rede. Ich sehe vor meinem inneren Auge, wie sie sich vergnügt die Hände reiben: Sie gibt es selbst zu; sie denkt nicht lange nach, sie redet immer gleich drauflos.

Doch langsam, so einfach ist es nun auch wieder nicht. Ich halte mich nicht für unbescheiden, wenn ich mich als intelligenten Menschen bezeichne. Ich bin keine Grüblerin, ich wälze nicht ausgefallene Ideen und philosophische Gedanken hin und her, um schließlich an der Welt zu verzweifeln. Ich bin nicht der Geist, der über allem schwebt und das Leben aus großem Abstand betrachtet. Was ich denke, ist mit meinen Erfahrungen verbunden und mit dem Drang, immer sofort zu tun, was ich als notwendig erkenne. Ich bin eine praktische Person; ich habe ein Leben lang gemacht, was ich für vernünftig hielt und was mir irgend möglich war. Aus dieser Haltung heraus sehe ich genau hin, bemerke Defizite in meiner nächsten oder weiteren Umgebung und versuche, sie zu beheben. Manchmal komme ich damit Leuten in die Quere, deren Interessen oder Bequemlichkeiten meine Sicht der Dinge entgegensteht. Und schon bin ich die Querdenkerin.

Kürzlich sagte jemand zu mir: Aber Sie sind ja gar keine

Querdenkerin, Sie denken doch immer geradeaus, mit gesundem Menschenverstand! Andere Politiker machen Winkelzüge und denken verquer; manchmal weiß man gar nicht, was überhaupt, so nebulös ist ihrer Rede Sinn. Und wenn dann eine kommt, die geradlinig und vernünftig denkt und das auch so ausspricht, fällt sie aus dem Rahmen.

Da ist etwas dran. Ich weiß, daß es Leute gibt, denen gesunder Menschenverstand zu simpel oder gar suspekt ist. Ich bin aber überzeugt, daß ein Politiker eine gehörige Menge davon braucht, mehr, als mancher zu haben scheint. Ich meine damit, daß er das Leben der Menschen, die ihm sein Amt anvertraut haben, nicht nur von außen kennen muß, daß er ihre Sorgen teilen kann, schlicht: daß er Lebenserfahrung gesammelt und sie nicht wieder vergessen hat.

Wie ist es denn heute oft mit jüngeren Politikern? Sie studieren, starten anschließend eine Parteikarriere, arbeiten sich durch die Parlamente nach oben und wissen überhaupt nicht, wie andere Menschen leben. Als Student gehört man zur Szene, und sobald man das große Geld verdient, zieht man in ein besseres Viertel. Diese schnelle Entflechtung beobachten wir im Westen seit Jahrzehnten. Die Folge ist, daß Politiker gar nicht nachfühlen können, was Arbeitslosigkeit, eine kleine Rente oder Sozialhilfe bedeuten.

Ich denke, daß sich viele Politiker im Osten diesem Standardmuster nicht angepaßt haben. Sie stehen noch mittendrin im bunten Menschenleben. Die Hoffnung, daß sich dieses Beispiel durchsetzen könnte, habe ich allerdings längst aufgegeben. Trotzdem will ich, solange der eigene Blick noch ungetrübt ist, Zeichen setzen, daß es anders geht.

Politikverdrossenheit ist offenbar keine Erfindung unserer Nach-Wendezeit. Meine Mutter zitierte früher immer die Volksweisheit: Politik verdirbt den Charakter. Wollen wir mal sehen, ob ich das Gegenteil beweisen kann — so lange bin ich ja noch nicht dabei, daß ich steif und fest behaupten dürfte, mir würde das nicht passieren. Jedenfalls muß ich von der Politik nicht leben. Ich habe einen Beruf, in dem ich wieder arbeiten könnte. Und wenn ich in der Betreuung von Diabetikern keine Stelle mehr fände, dann irgendwo anders, wo ich gebraucht würde. In einer Arbeitsloseninitiative, in einem sozialen Projekt, mit Obdachlosen, Problemkindern, Asylbewerbern, Alleinerziehenden... Ich bin mir für keine Arbeit zu schade, mit der ich Menschen helfen kann.

Als Politikerin bin ich, weil ich das unbedingt so will, noch dicht an den Problemen dran. Ich fahre viel umher im Land Brandenburg, ich werde von Behindertenwerkstätten, von Beschäftigten mit gefährdeten Arbeitsplätzen, von Altenheimen, Gesundheitszentren oder Frauen-Umschulungsprojekten eingeladen. Natürlich, ich komme nur zu Besuch und verteile gute Ratschläge. Es gibt Fälle, da kann ich nur noch versuchen, zu trösten und Mut zu machen. Manchmal kann ich nur bitten: Haltet durch, hängt euch nicht auf, auch wenn es im Augenblick so aussieht, als sei gar nichts mehr zu retten. Hoffnungslosigkeit zuzulassen ist nicht meine Art. Es macht mir zu schaffen, als Politikerin nicht selbst zupacken zu können, mehr zu reden, als meine Hände zu bewegen. Aber ich erfahre wenigstens, was vor sich geht. Ich will es genau wissen.

Es gibt auch Tage, die sehen ganz anders aus. Da fliege ich zweimal zwischen Potsdam und Bonn hin und her und übernachte schließlich in einem Hotel, in dem das Zimmer dreihundert Mark kostet oder dreihundertfünfzig. Beim Frühstücksbüfett am nächsten Morgen habe ich den Eindruck, es würden drei Silberhochzeiten gleichzeitig gefeiert. Ein Überfluß, schon der Anblick ist Sünde, und mir vergeht der Appetit. Dann fliege ich zurück und habe an einem einzigen Tag das Geld verbraucht, mit dem zwei Sozialhilfeempfänger einen ganzen Monat lang auskommen müssen. Ich kenne Politiker, denen solche Gedankengänge völlig fremd sind.

Und diese Mentalität wirkt ansteckend auch auf Menschen, die im täglichen Politikbetrieb gar nicht drinstecken. Gelegentlich höre ich beispielsweise von unseren Bürgern: Was muß denn unser Innenminister Alwin Ziel immer noch mitten unter uns im Neubaugebiet wohnen? Der kann sich doch jetzt ein Haus leisten, der gehört nicht mehr hierher. Das finde ich bedenklich. Eine erfreuliche Eigenart der DDR war für mich die bunte Mischung der Gesellschaft in den verschiedensten Bereichen.

Ich bewahre einen Zeitungsausschnitt mit Ergebnissen einer Umfrage auf. Im Herbst 1993 wurden Menschen im deutschen Osten nach den Stärken der Bundesrepublik gefragt und nach den Vorzügen der DDR. Heutzutage weiß man die größeren Möglichkeiten des Konsums zu schätzen, die effektivere Wirtschaft, die stärkere Beachtung des Umweltschutzes und die persönliche Freiheit. Vermißt wird dagegen manches, was früher als selbstverständlich galt, vielleicht als zu selbstverständlich, so daß man es nicht mehr recht achtete: eine gewisse soziale Ausgeglichenheit, die Fürsorge des Staates für den einzelnen — daß sie oft mit Bevormundung einherging, wird zum Teil schon wieder vergessen —, die Angebote der Kinderbetreuung oder die Sicherheit des Arbeitsplatzes. Am wichtigsten finde ich aber dies: Drei Viertel der Befragten waren der Meinung, in der DDR seien die Menschen besser und unkomplizierter miteinander umgegangen.

Im VEB Berlin-Chemie, einer ziemlich desolaten Arzneimittelfirma, in der ich als Biologin viele Jahre tätig war, kannten wir keine akademischen Frühstücksrunden und keine Akademikerreisen, von denen andere ausgeschlossen waren. Wenn der Plan erfüllt werden mußte und Not am Mann war, habe ich als stellvertretende Leiterin der pharmakologischen Abteilung auch Wochenendschichten in der Tablettenabfüllung geleistet — an den Maschinen wie alle anderen. Ich lernte meine Kolleginnen nicht nur im Labor kennen. Auf unsere gemeinsamen Ausflüge nahmen wir oft die Familien mit, zu den Festen in unserem Garten kamen alle, die Lust zum Feiern hatten, zur Kunstausstellung nach Dresden fuhren die Putzfrau und die Abteilungsleiterin selbstverständlich im gleichen Abteil, und beim Betriebssportfest traten Forschungsdirektor und angelernter Arbeiter gegeneinander an. So ging es, glaube ich, in den meisten Betrieben zu.

Und ich weigere mich auch heute noch, den Wert von Menschen nach ihrem Beruf, ihrer Bildung, ihrer Position, ihrer Tarifgruppe, ihrem Kontostand oder ihrem Wohnkomfort zu beurteilen. Ich achte nützliche Tätigkeit, egal, ob sie allgemein als respektabel gilt oder ob jemand die Nase darüber rümpft. Mißtrauisch bin ich Leuten gegenüber, die gar nicht zu arbeiten brauchen, trotzdem reich sind und immer noch reicher werden.

Ich bemerke jetzt, daß mich das Leben in der DDR mehr geprägt hat, als ich es jemals für möglich gehalten oder gar zugegeben hätte. Sicher, ich akzeptierte unbewußt nur Dinge, die meinen Überzeugungen und meiner Natur entgegenkamen. Die Idee einer klassenlosen Gesellschaft ist mir nahe, aber natürlich ganz anders, als sie der real existierende Sozialismus, den wir erleben und ertragen mußten, durchsetzen wollte. Den Ursprüngen des Christentums lagen ja ganz ähnliche Bestrebungen zugrunde. Auch sie sind gescheitert, weil sie nicht mit dem Menschen gerechnet haben, wie er eben ist. Das zu erkennen tut mir, die ich mit den Werten der christlichen Nächstenliebe aufgewachsen und verbunden bin, besonders weh. Ich kenne aber viele Menschen, die mir Mut machen, weiterhin Mitmenschlichkeit zu fördern und zu verbreiten.

Auch der Begriff des »Volkseigentums«, das muß ich gestehen, hat mich beeinflußt. Das, was wir in der DDR hatten, war ja in Wirklichkeit etwas anderes. Ich bin nicht so naiv, anzunehmen, daß paradiesische Zustände, in denen allen alles gehört und jeder sorgsam mit dem gemeinsamen Eigentum umgeht, in irgendeiner Gesellschaftsform, die wir kennen, möglich wären. Als Christin glaube ich aber, daß die wirklich kostbaren Dinge – Luft, Wasser, Erde, Tiere, Pflanzen und auch unser eigenes Leben – allen gemeinsam anvertraut sind, damit wir verantwortungsvoll mit ihnen verfahren und sie nicht egoistisch als unser höchst persönliches Eigentum betrachten. Ein bequemes Leben ist nicht mein Ideal, ich möchte möglichst gerecht sein, mich anderen zuwenden und meine Kraft nicht unbesonnen verschwenden.

Natürlich wurde im Osten vieles diktiert und erzwungen. Es gab Bevormundung und Repression, aber auch intensive Zuwendung und guten Zusammenhalt, die von offizieller Seite gar nicht immer gern gesehen wurden. Wir wußten viel mehr voneinander, als das heute üblich ist. Wir haben uns umeinander gekümmert; das war nicht verordnet, das haben wir selbst so gewollt und gelebt.

Üblich war die gute Mischung in den Wohngebieten. Der höhere Ministeriumsangestellte und der Brötchenbäcker aus dem Backwarenkombinat waren Nachbarn. Sie trafen sich in der Kaufhalle, und bei der Treppenreinigung wechselten sie sich ab. Sie mußten ja nicht miteinander befreundet sein, aber über die Lebensverhältnisse des anderen wußten sie fast genausogut Bescheid wie über die eigenen.

Im Westen erlebe ich andere Strukturen. Die Selbstverwirklichung ist ein Wert, der höher steht als die Hilfsbereitschaft, die gemeinschaftliche Arbeit und das Wohlgefühl in Gesellschaft anderer Menschen. Verschiedene Interessengruppen bleiben unter sich, reiche Leute leben in anderen Gegenden als Leute, die jeden Pfennig dreimal umdrehen müssen. Die Zahl der Individualisten ist viel größer.

Und jetzt driftet die Gesellschaft auch im Osten immer weiter auseinander. Ich weiß, daß ich diese Entwicklung kaum aufhalten kann, aber ich finde sie unerfreulich und sogar gefährlich. Ich möchte unbedingt, daß der Minister in seinem normalen Umfeld bleibt, so wie auch meine Familie auf keinen Fall aus unserem Kiez mitten in Berlin wegziehen will. In unserem alten Mietshaus wohnt ein Teil meiner großen Familie, und auch viele der anderen Bewohner kenne ich schon lange.

Noch sind in den neuen Bundesländern zwei Drittel der Eltern der Meinung, es täte ihren Kindern gut, Gleichaltrige im Ganztagskindergarten kennenzulernen. Siebenundvierzig Prozent der Eltern im Westen glauben, diese Art gemeinsamer Erziehung schade eher. Schon wollen viele Brandenburger ihre Kinder lieber aufs Gymnasium schicken als in die Gesamtschule. Die Entflechtung beginnt im Kinder- und Jugendalter, und sie geht nicht in erster Linie von den jungen Leuten aus, sondern von ihren Eltern. Das ist unvernünftig und egoistisch, es schafft Probleme, die sich vermeiden ließen. Schwierige Kinder, auf alle Klassen und Schulen gleichmäßig verteilt, können integriert werden. Schwierige Kinder, in einzelnen Klassen und Schulen konzentriert, müssen Pädagogen und Eltern schließlich verzweifeln lassen. Diese früh eingeleitete Absonderung wird sich durch ein ganzes Leben hinziehen und dem einzelnen Benachteiligten wie der ganzen Gesellschaft zu schaffen machen.

Ich weiß, daß Appelle an die Vernunft wenig ausrichten. Es ist einfach Aufgabe der Politik, Rahmenbedingungen zu schaffen, die solchen Tendenzen entgegenwirken. Sie muß, zum Beispiel, die Gesamtschule attraktiv machen. Meine drei Kinder, wären sie noch im entsprechenden Alter, würden zur Gesamtschule gehen. Ich werde auch im Freundeskreis zur Dampfwalze, wenn ich höre, daß der Nachwuchs unbedingt aufs Gymnasium soll.

Für wichtig halte ich es auch, behinderte Kinder mit den anderen gemeinsam aufwachsen zu lassen, Gesunde und Behinderte, Alte und Junge in keinem Lebensbereich voneinander zu trennen. Wir haben in Brandenburg Integrationskindergärten, in denen nichtbehinderte und behinderte Kinder gemeinsam betreut werden. Integrationsschulen schließen sich an. Durch betreutes Wohnen und kleine Heime werden Menschen mit Behinderung und psychisch Kranke in den Gemeinden integrativ untergebracht. Altenpflegeheime liegen mitten in den Ortschaften, im Erdgeschoß sind Kindergärten eingerichtet. Bei Neubauplanungen werden Sozialwohnungen, frei finanzierte Projekte und Einfamilienhäuser gemischt; an Kinderreiche und Behinderte wird von vornherein gedacht. Ich wünsche mir, daß die Menschen nicht mehr und mehr vergessen, daß wir alle zusammengehören.

Auf die Frage nach meinem persönlichen Motto habe ich einmal geantwortet: »Der hat sein Leben am besten verbracht, der die meisten Menschen hat froh gemacht.« Doch woher kommt mein ausgeprägtes Gemeinschaftsgefühl?

Den Wert und die Geborgenheit einer guten Gemeinschaft habe ich schon in früher Kindheit kennengelernt. Ich bin Jahrgang 1941, ein Kriegskind. Die Not schweißte damals viele Menschen stärker zusammen, als es in besseren Zeiten für gewöhnlich der Fall ist. Mutter, Großmutter, mein Bruder und ich wurden aus Berlin aufs Land evakuiert. Ich verbrachte meine ersten Lebensjahre also inmitten der Natur, zu der ich mir für immer eine gute Beziehung bewahrt habe. Als wir zurückkamen, war unser Haus in der Bernauer Straße durch Bomben total zerstört. Fürs erste erhielten wir Unterkunft und Hilfe von der Schwester meiner Mutter in Erfurt. Später hatten wir wieder eine Wohnung in der Bernauer Straße in Berlin-Mitte. Das war und ist keine feine Gegend. Zweieinhalb Zimmer teilte sich unsere vierköpfige Familie mit einer Untermieterin. Die Toilette im Hausflur, die Fenster kaputt; es gab keine Heizung, und in der Küche fror der Waschlappen am Haken fest. So ging es damals vielen. Ich kann mich nicht erinnern, daß wir darunter besonders gelitten hätten. Wärme kam aus uns selbst und von den Menschen, die uns umgaben.

Ich wuchs in ziemlich bescheidenen Verhältnissen auf, denn wir hatten nicht viel Geld. Mein Vater, vor dem Krieg ein erfolgreicher Pianist und Unterhaltungskünstler, fand nach einem Unfall nur schwer in seinen Beruf zurück. Meine Mutter arbeitete seit der Geburt ihrer Kinder nicht mehr. Trotzdem führten wir ein gastfreundliches Haus. Mit Verwandten und Freunden wurde geteilt, was wir eben hatten. Ihnen wurde nichts Besonderes aufgetafelt, aber auch nichts vorenthalten. Teilen war für uns selbstverständlich.

Wir feierten alle oft und gern. Zu den Familienfesten waren immer mindestens zehn, zwölf Leute beisammen. Inzwischen sind wir an die dreißig, wenn wir uns beispielsweise am ersten Weihnachtstag zum Familiensingen treffen. Auch die Geschwister meines Vaters mit Ehepartnern und Kindern wohnten in unserer Gegend. Einmal in der Woche kamen sie zum Schafskopfspielen, oft wurde gemeinsam gewandert. Dabei ging es meist ziemlich munter zu, doch manchmal gab es auch Verstimmungen, wie es in einer Großfamilie so ist, in der man sich im Prinzip gut versteht. Ich habe es nie anders gekannt, und von dieser Atmosphäre bin ich geprägt.

Unsere Wohnung war allgemeiner Treffpunkt. Meine

Mutter, eine gebürtige Hamburgerin, ist ein freundlicher, solidarischer, ausgleichender, kontaktfreudiger Mensch. Wer Freuden oder Sorgen zu teilen hatte, saß bei ihr am Tisch. Wo findet man heute noch Türen, die für andere so weit offenstehen? Auch mein Vater, ein schlagfertiger, lustiger Berliner, war ein richtiger Familienmensch. Um uns Kinder kümmerte er sich rührend, er schleppte uns überallhin mit. Bei ihm hatte ich Klavierunterricht, und wir spielten oft vierhändig. Mich zog es früh zur klassischen und zur Kirchenmusik hin; es gab Zeiten, da schätzte ich Unterhaltungsmusik sehr gering, und ich ließ es ihn ein bißchen spüren. Das tut mir heute leid.

Ich war ein wohlbehütetes Mädchen, aber auch die Straße gehörte zu meinem Zuhause — das Viertel um die Bernauer, mit dem ich fest verwachsen war. Dort hatte ich meine Freundinnen, die Versöhnungskirche war zwei Häuser entfernt, ich gehörte zur Jungen Gemeinde und zum Chor, war mit den Söhnen unseres Pfarrers Hildebrandt befreundet. Jörg, der jüngste, gefiel mir am besten. Als wir 1966 heirateten, kannten wir uns fünfzehn Jahre und wußten sehr genau, woran wir waren. Auch diese weitere Umgebung hat mein Gemeinschaftsgefühl geformt. Ich gehörte in meinen Kiez, dort hatte ich meine Wurzeln und war mit den Menschen vertraut. Darüber dachte ich nicht nach, das war einfach so.

Mitten durch die Bernauer Straße verlief die Grenze zwischen Ost- und West-Berlin, zwischen dem sowjetischen und dem französischen Sektor. Unser Haus stand im Osten, und wenn ich auf die Straße trat, war ich im Westen. Dort ging ich dann auch fünf Jahre in dieselbe Schule, die schon mein Vater besucht hatte. Das war nichts Besonderes, es war einfach die am nächsten gelegene. Doch irgendwann kam die Ulbrichtsche Order, Kinder, die im Osten wohnten, müßten auch im Osten zur Schule gehen. Meine Eltern waren wütend, konnten aber nicht viel dagegen tun.

Damals mußte ich zum ersten Mal eine mir liebe Gemeinschaft, meine Schulklasse, verlassen und mich in einer neuen zurechtfinden. Auf vertrautem Terrain bin ich unternehmungslustig und kontaktfreudig, doch in der neuen Schule fühlte ich mich erst einmal unsicher. Die Klasse hatte schon Russischunterricht, ich verstand noch kein Wort, und die meisten Kinder waren bei den Jungen Pionieren, zu denen ich auf keinen Fall wollte. Trotzdem bin ich bald mit vielen neuen Mitschülern so gut ausgekommen wie mit den alten. Wo ich war, war Zusammenhalt. Ich fühlte mich nur richtig wohl, wenn die Schulkameraden sich in der Schule und in der Freizeit einigermaßen vertrugen.

Ich habe auch später nie gelernt, nur für mich allein zu denken, ich habe mich immer als Teil von Gruppen begriffen. Als ich Biologie studierte und von der Humboldt-Universität exmatrikuliert werden sollte, weil ich nicht einsah, daß die Mauer ein »antifaschistischer Schutzwall« sein sollte, setzten sich meine Kommilitonen so intensiv für mich ein, daß ich bleiben konnte. In verzwickten Situationen habe ich häufig Schutz und Zuspruch durch vertraute Menschen erfahren. Unsere Studiengruppe fuhr damals auch gemeinsam zum Kartoffeleinsatz. Sechs Wochen lebten und arbeiteten wir da zusammen auf dem Dorf, und das ging über das Studium weit hinaus. Natürlich war vieles reglementiert, nicht jede gemeinsame Aktivität freiwillig. Ich bin nicht dafür, daß eine übergeordnete Instanz mit strengem Regime von früh bis spät für Ordnung im Studentenleben sorgt. Wenn ich aber sehe, wie es heute zugeht – die Studenten kennen einander ja kaum! Solche Unverbindlichkeit behagt mir ebenfalls nicht.

Auch mit meinen Kolleginnen auf den beiden Arbeitsstellen, die ich in fünfundzwanzig Berufsjahren hatte, verband mich mehr als gemeinsame Arbeit. Es gab da in den Betrieben den sozialistischen Wettbewerb unter der Parole: »Sozialistisch arbeiten, sozialistisch lernen, sozialistisch leben«. Dafür sollten die Arbeitskollektive ein entsprechendes Programm aufstellen und erfüllen. Einmal im Vierteljahr hatten wir »abzurechnen«, und Prämien wurden verteilt. Eigentlich war es eine Farce. Aber es war gar nicht verkehrt, wenn man sich unter Negierung des ideologischen Teils etwas Sinnvolles vornahm. »Sozialistisch arbeiten«, das war eben unser Arbeitsplan. Unter dem Punkt »sozialistisch lernen« sorgten wir für unsere Weiterbildung, beispielsweise für die externe berufsbegleitende Ausbildung zum Chemie-Ingenieur, für Spezialkurse und Hospitationen. »Sozialistisch leben« umfaßte Theater- und Ausstellungsbesuche, Feiern, Wanderungen und auch unsere mineralogische Arbeitsgemeinschaft, die wir gegründet hatten. Vom Betrieb bekamen wir dafür ein paar tausend Mark im Jahr, wir mieteten einen Bus und fuhren am Wochenende mit Männern und Kindern zu einem der Mineralienfundorte der DDR. In St. Egidien zum Beispiel suchten wir Achatkugeln. Da wurde gemeinsam gegraben, geklopft und auch gegrillt. Meine inzwischen erwachsenen Kinder erinnern sich heute noch gern daran. Unsere Funde stellten wir dann zu den Betriebsfestspielen aus. So konnten alle etwas lernen, wir hatten unseren Spaß und wurden eine Gemeinschaft, die bei der Arbeit und im privaten Alltag Halt geben konnte. Die Fotos von unseren Unternehmungen sammelten wir im »Brigadetagebuch«.

Ich werde nicht widersprechen, wenn man mich eine »Traditionstante« nennt. Ich halte es für wichtig, daß Gemeinschaften so etwas wie Gewohnheiten und Bräuche entwickeln, denn sie stärken das Zusammengehörigkeitsgefühl. Ich bin Hobbyfotografin, seit ich in meiner Schulzeit einen Fotozirkel besuchte. Kamera und Dunkelkammer haben mich durch mein Leben begleitet. So ist eine »Chronik« mit Tausenden von Bildern entstanden, in der sich Menschen, denen ich begegnet bin oder die mir nahestehen, wiederfinden können: ein Stück materialisiertes Leben. Gemeinsames Erinnern tut gut, ich halte es für eine wichtige Form von Kommunikation. Begebenheiten, die im Gedächtnis nicht weiterleben, sind nur halb soviel wert. Außerdem verspricht es ja auch oft amüsant zu werden, wenn einer fragt: »Wißt ihr noch...?«

Meine Familienangehörigen, insbesondere mein im Januar 1991 geborener Enkel Franz, sind meine liebsten Fotomodelle. Wenn ich nur mehr Zeit für ihn und die ganze Familie und für die Freunde hätte! Ich fühle mich so wohl, wenn die Wohnung voller Menschen ist oder wenn ich inmitten von zwanzig Leuten wandere. Die Berliner Domkantorei, in der ich seit über dreißig Jahren singe — und mit mir mein Mann, meine drei Kinder und viele andere Verwandte und Freunde —, ist auch ein Stück Familie für mich. Wenn wir früher an Wochenenden zum Proben aufs Land fuhren, kochte ich gern für fünfzig, sechzig Leute. Mit einfachen Dingen Menschen satt und froh zu machen, ist mir ein Vergnügen. So bin ich oft die Initiatorin größerer Unternehmungen. Von meinem Naturell her liegt mir das sehr. Jörg, mein Mann, könnte gut und gern etwas weniger Trubel vertragen. Aber er kannte mich ja lange genug, bevor wir heirateten, und er hat sich nie beklagt.

An Herzdrücken stirbt in unserer Familie keiner; das war schon zu Hause bei meinen Eltern nicht üblich. Wem etwas auf der Seele liegt, der spricht sich aus. Wir wollen gut miteinander auskommen und bemühen uns, Verstimmungen bald aus der Welt zu schaffen. Gewitter verziehen sich schnell.

Ich bin, so streitbar man mich manchmal erlebt, sehr auf Harmonie bedacht. Man darf nur nicht versuchen, sie mit dem Vertuschen von Konflikten zu erkaufen. Ich plädiere sehr für das Austragen von Meinungsverschiedenheiten;

eine Auseinandersetzung sollte aber auf jeden Fall das Ziel haben, die Harmonie wiederherzustellen. Zwischen meinem Mann und mir geht es nie laut zu, nur mit den Kindern ist es öfter mal turbulent bis hochdramatisch. Aber gemeinsam sind wir mit der Zeit schon ruhiger geworden.

2

Gegenstimme sein

Mit Politik hatte ich früher nie viel im Sinn. Bei uns zu Hause, in meinem Freundeskreis und in der Kirchengemeinde kam es darauf an, ein »anständiger« Mensch zu sein – gemeint damit war: aufrichtig, verantwortungsbewußt, anderen zugewandt. Wenn aber die gesellschaftlichen Bedingungen so sind, daß man dafür Mißtrauen erntet und immer wieder Steine auf seinem Weg findet, dann bekommt schon das Beharrungsvermögen, das man dagegen entwickelt, einen politischen Anstrich.

Das Mißtrauen beruhte durchaus auf Gegenseitigkeit. In unserer Familie war von Anfang an klar: Die DDR ist kein demokratischer Staat. Sozialistische Ideale, wie die freie Entfaltung der Persönlichkeit, wurden verkündet, aber nie verwirklicht. Klassenkampf kam vor Moral, der Zweck heiligte die Mittel, das Recht stand im Dienst der herrschenden Klasse. Das sollte die Arbeiterklasse sein, aber es war eine Schicht von Funktionären und ihren Gefolgsleuten, die möglichst alles reglementieren und kontrollieren wollte.

Wir hielten uns davon fern. Unsere Familie gehörte zur evangelischen Versöhnungsgemeinde, und die Kirche stand in der Bernauer Straße, nur ein paar Häuser von unserer Wohnung entfernt. Solange ich noch im Westen zur Schule ging, war ich gewissen Einflüssen sowieso nicht ausgesetzt, doch als ich dann wechseln mußte, hörte ich mir alles, was da erzählt wurde, mit großer Skepsis an. Ich trat nicht in die Pionierorganisation ein, später auch nicht in die FDJ. Das wurde nicht gern gesehen, machte aber zunächst keine besonderen Schwierigkeiten. Mein Bruder und ich waren statt dessen begeisterte Mitglieder der diskreditierten Jungen Gemeinde, und er flog deshalb einmal fast von der Schule. Ich hatte dann die ersten ernsthaften Schwierigkeiten, als ich wegen meiner Bindung an die Kirche nicht auf die Oberschule sollte, obwohl ich sehr gute Leistungen und sogar eine hervorragende Beurteilung für »gesellschaftliche Tätigkeit« vorzuweisen hatte — weil ich mich kameradschaftlich verhielt und alle möglichen gemeinsamen Unternehmungen anregte und unterstützte. Meine Eltern schlugen energisch Krach und stritten erfolgreich für mich. Später bekam ich nur mit viel Glück und knapper Not einen Studienplatz. Der Schuldirektor hatte angekündigt, er werde mir Knüppel zwischen die Beine werfen, und er und sein Stellvertreter verpaßten mir schließlich ungerechterweise Zweien in Staatsbürgerkunde und Latein auf dem Abschlußzeugnis. Und mit den Zweien war die Erteilung des Prädikats »mit Auszeichnung« in ihr Ermessen gestellt. Prompt bestand ich das Abitur nur mit »sehr gut« und nicht »mit Auszeichnung«. Meine Bewerbung für ein Studium der Bibliothekswissenschaften mit der Spezialfachrichtung Biologie wurde abgelehnt. Da erhielt der Vater einer Schulfreundin, Professor für Zoologie, unerwartet den Auftrag, Studenten auszubilden, und er setzte sich für mich ein. Ich mußte mich verpflichten, in der Universität das Abzeichen der Jungen Gemeinde — die Weltkugel mit einem Kreuz — nicht zu tragen, und wurde schließlich doch noch immatrikuliert.

Ich wünsche mir, daß Westdeutsche, die unsere kleinen und großen Kompromisse mit Hochmut betrachten und die DDR-Bürger kollektiv als Opportunisten und Mitläufer abstempeln, auch einmal den eigenen Charakter und die eigene Geschichte befragen. Selbstgerechtigkeit tut keinem gut. Heute erleben wir, daß Anpassung und Duckmäusertum unter den neuen Bedingungen wieder nützlich sein können und auch im Westen nie aus der Mode gekommen sind. Es fördert die Karriere oder macht wenigstens den Arbeitsplatz sicherer, wenn man dem Chef nicht zu hartnäckig widerspricht. Mein Mann, nach der Wende stellvertretender Intendant beim DDR-Hörfunk, wurde von eiserner bayerischer Hand wegen Unbotmäßigkeit gefeuert. Nun, Hildebrandts sind Ärger gewohnt. Unerhört und kaum zu glauben, aber leider wahr, daß unmittelbar nach der Wende einige Personalchefs junge Leute, die nicht in der FDJ waren, abwiesen, weil sie an deren Anpassungsfähigkeit zweifelten! Die Entscheidung für oder gegen Zivilcourage wird uns in keiner Gesellschaft abgenommen. Wir müssen sie immer wieder selbst treffen.

Oft genug sah ich als Kind in unserer Straße die Möbelwagen vorfahren: Die Leute packten ihren Hausrat ein und »flüchteten« in den Westen. Wir blieben — bis 1961 hatten wir ja den Westen direkt vor der Tür. Um drei Zitronen, einen Blumenkohl, ein schickes Paar Schuhe zu kaufen oder ins Kino zu gehen, brauchte man nur das »richtige« Geld, man mußte nicht gleich einen Umzug veranstalten. Natürlich waren die Wechselkurse für Kleinverdiener horrend, doch wir verfügten hin und wieder über ein paar D-Mark, weil mein Vater noch kleine Engagements im Westen hatte. Im übrigen sah es in unserem Ost-West-Kiez auf beiden Seiten ähnlich aus; bei unseren Verwandten im Westen war es kaum weniger ärmlich als bei uns. Meine Mutter wollte ihr Leben lang gern in eine schönere Gegend ziehen, die hätte auch im Osten sein können. Mein Vater liebäugelte von Zeit zu Zeit mit dem Westen, doch entscheidend blieb unsere Seßhaftigkeit. In unserer Familie wurde meist demokratisch entschieden, und die meisten wollten eben bleiben, wo unsere Wurzeln waren. Außerdem lockte uns die Glitzerwelt auf der anderen Seite wenig: Sie war bunt, aber kalt. Die Werte, die uns etwas bedeuteten, fanden wir in uns und in den Menschen, mit denen wir einig waren.

Zu unserem Kreis gehörten auch mein späterer Mann und seine Brüder, von denen einer heute Pfarrer an der Sophienkirche und einer Domkantor ist. Wir suchten miteinander Argumente und lernten, was wir diffus als Opposition empfanden, präziser zu artikulieren. Als dann 1961 mitten durch unsere Straße die Mauer gebaut wurde, hielten wir das zunächst für einen empörenden, schlechten Scherz. Das kann doch nicht von Dauer sein, dachten wir. Die Hildebrandt-Brüder, die in den Ferien in Westdeutschland und Italien unterwegs waren, kamen nach Hause zurück. Sie wollten Freunde und Verwandte nicht einfach im Stich lassen, obwohl mein späterer Mann Jörg in West-Berlin noch mitten im Studium steckte und sicher nur schwer einen neuen Anfang machen konnte. Die Versöhnungskirche, in der sein Bruder Herbert Kantor war, stand direkt an der Grenze. Er wußte, daß er dort nicht mehr lange arbeiten würde. In den ersten Wochen fanden noch abwechselnd Sonntagsgottesdienste für Gemeindemitglieder aus Ost und West statt. Danach kamen die Westberliner vor unser Haus, und wir unterhielten uns mit ihnen durch das Fenster. Mein Bruder Jürgen und seine Frau seilten sich durch dieses Fenster noch ab, ehe wir die Wohnung räumen mußten. Da hatte man uns die Türen schon zugemauert, und wir konnten nicht einmal unser Klavier mitnehmen. Das Haus wurde dann mitsamt dem Instrument abgerissen.

Bald merkten wir, daß wir mit der Mauer auf Dauer leben mußten, aber abgefunden haben wir uns mit der Teilung nie.

Später gingen wir mit unseren Kindern in die Nähe der Bernauer Straße und zeigten ihnen durch Flurfenster fremder Häuser, wo wir aufgewachsen waren. Wir sahen auch zu, als 1985 die Versöhnungskirche im Todesstreifen gesprengt wurde. Die Verbindung zu den Freunden und Verwandten im Westen haben wir nie abreißen lassen. Der 9. November 1989 war ein unbeschreiblicher Festtag für uns.

Bis dahin jedoch richteten wir uns notgedrungen hinter der Mauer ein: Ich habe es ein Leben in »opportunistischer Opposition« genannt. Wir waren keine Widerstandskämpfer. Aber wir haben mit Ausdauer im Alltag verteidigt, was uns wichtig, lieb und teuer war. Wir haben uns unsere Überzeugungen und unsere Anständigkeit nicht abkaufen lassen. Mein Mann war unter den ersten Wehrdienstverweigerern, dann unter den ersten Bausoldaten, und er ging für ein halbes Jahr ins Gefängnis, weil er sich weigerte, an militärischen Objekten mitzuarbeiten. Wir schrieben Protestbriefe gegen die Ausbürgerung Wolf Biermanns, gegen die neue DDR-Verfassung und 1968 gegen den Einmarsch in Prag. Wir gingen nicht zur Wahl. Wir stärkten unseren Kindern den Rücken; wir setzten durch, daß sie nicht am Wehrkundeunterricht und an Schießwettbewerben teilnehmen mußten. Sie gingen zur Konfirmation und nicht zur Jugendweihe. In unserem Freundeskreis verhielten viele sich ähnlich, nicht um eine Märtyrerrolle zu spielen, sondern um vor sich selbst bestehen zu können.

Wir mußten manchmal Nachteile wegstecken, sind aber nie besonders behelligt worden. Bedrohung durch die Staatssicherheit wäre ein sehr ernster Grund für uns gewesen, nicht mehr in der DDR leben zu wollen. Einzelnen »Querulanten« wurde oft relativ viel Spielraum eingeräumt, und mein Mann und ich waren wahrscheinlich als »diese Hildebrandts« bekannt, die sich öfter über alles mögliche beschwerten.

Eine wirklich solidarische Gemeinschaft aber war die evangelische Kirche. Unter ihrem Dach fanden auch viele Platz und Schutz, die unseren Glauben nicht teilten, aber aus verschiedenen Gründen Schwierigkeiten mit der Gesellschaft hatten — Bürgerrechtler, Umweltschützer, Pazifisten, Lesben, Schwule, Menschen, die ausreisen wollten. Ich finde es beschämend, daß einige, die früher die Solidarität und den Schutz der Kirche genossen, heute deren damalige Vertreter angreifen, die manchen Freiraum erst ermöglichten — ich meine vor allem Manfred Stolpe.

Einer konspirativen Gruppe schlossen wir uns nicht an — meines Wissens gab es sie auch nur sehr vereinzelt. Ich wollte immer direkt und sofort etwas bewirken. In solchen Zusammenschlüssen aber, die kompromißlos verfolgt wurden und keine Zugeständnisse erwarten konnten, sah ich wenig Sinn und Aussicht auf Erfolg. Unsere Aktionskreise waren Familie und Kirche. Sicher, wir hatten damit einen weniger gefährlichen Weg gewählt.

Fremd gefühlt haben wir uns, bei allem Widerspruch, in der DDR nie. Wir waren dort zu Hause, unter Freunden, in guten Gemeinschaften und in der Geborgenheit der Familie. In der Rolle von Opfern haben wir uns nie gesehen. Die vielfältigen Konflikte im Alltag waren schon belastend, es ließ sich aber mit ihnen leben. Wir richteten uns auf der Oppositionsseite ein und schufen uns Freiräume. Daß ich studieren konnte, war ein fast unverhoffter Zufall, und im Beruf wurde ich zwar nicht gefördert, aber auch nicht besonders behindert. Mein Mann, der sein Abitur im Westen gemacht und dort auch ein Studium begonnen hatte, war durch die Mauer viel stärker benachteiligt. Doch auch er nahm eine gute berufliche Entwicklung bis zum stellvertretenden Cheflektor der Evangelischen Verlagsanstalt. Wir hatten Glück in diesem Land — mehr als andere, denen ihre Zivilcourage schwere Nachteile oder gar Verfolgung einbrachte.

1989 kam die Zeit, da eine Veränderung der Situation möglich erschien, und wir wollten mitwirken. Das ganze Land war plötzlich politisiert wie nie zuvor. Jetzt drängte es mich, in der Bürgerbewegung mitzuarbeiten. Nicht weit von uns wohnte Bärbel Bohley, und ich ging mit meinen Kindern in ihre Wohnung, wo wir den Aufruf des »Neuen Forums« unterschrieben. Mein Mann hatte seit längerem schon bei »Demokratie Jetzt« mitgearbeitet. Dort fand auch ich zunächst meinen Platz. Gemeinsam mit ihm war ich unterwegs, um in Gemeinden basisdemokratische Mechanismen in Gang zu bringen, und wir sammelten Tausende von Unterschriften zu einem Aufruf gegen den Führungsanspruch der SED in der DDR-Verfassung. Mit dem Registrieren brachten wir ganze Abende und halbe Nächte zu. Aber durch den schnellen Gang der Dinge erledigte sich diese Aktion dann von selbst.

Ibrahim Böhme, einen der Gründer der Ost-SPD, lernten wir etwas später kennen. Durch einen Kollegen meines Mannes hörten wir von der neuen Partei, die zunächst noch SDP hieß. Uns war klar: Wenn die DDR eine demokratische Perspektive haben sollte — und darum ging es ja zunächst —, brauchten wir demokratische Parteien. Die Bürgerbewegungen waren sich in einem einig: Sie wollten die SED-Diktatur abschaffen. Für eine konstruktive Phase danach jedoch, für ein Wirken in traditionellen politischen Strukturen, erwiesen sie sich in unseren Augen nur sehr bedingt als geeignet. Zu vielfältig und widersprüchlich waren die Strömungen und Vorstellungen, als es nicht mehr nur um ein Dagegen, sondern um ein Dafür ging. Die Kompromißfähigkeit vieler starker Persönlichkeiten, die sich zum ersten Mal frei entfalten durften, war nur schwach ausgeprägt. Um etwas voranzubringen, muß man aber auch Diskussionen irgendwann beenden und zu einheitlichem Handeln finden können.

Obwohl wir also den Bürgerbewegungen zuerst viel näherstanden, und obwohl unsere Abneigung gegen Parteien – hervorgerufen durch die Allgegenwart der SED und der Blockparteien – sehr tief war, traten wir in die junge SDP ein. Wenn schon eine Partei, dann kam nur die Sozialdemokratie in Frage. Mein Interesse an »großer« Politik hielt sich ja lange Zeit in engen Grenzen. Namen bewunderter Politiker – Willy Brandt, Ernst Reuter, Louise Schröder – hatten sich aber schon frühzeitig meinem Bewußtsein eingeprägt.

Ich kann gut verstehen, daß Menschen im Osten auch heute noch davor zurückschrecken, sich einer Partei anzuschließen. Die SPD in Brandenburg hat nur wenig mehr als sechstausend Mitglieder; es müßten viel mehr sein, um allen Anforderungen gerecht zu werden. Und doch bringe ich es kaum fertig, jemanden zu überreden, zu uns zu kommen. Dabei bin ich davon überzeugt, daß wir hier eine richtige Politik machen und daß mancher gut zu uns passen würde.

Die brauchen Geld, dachten wir damals, gehen wir also in die SDP und bezahlen erst einmal Beitrag. Engagieren wollten wir uns weiterhin in der Bürgerbewegung, doch für mich kam es anders. Die Berliner SDP gründeten wir nach einem Sonntagsgottesdienst in der Sophienkirche. Alles war gut vorbereitet, es sollte schnell gehen. Zu Hause wartete ein ausländischer Gast, den wir zum Mittagessen eingeladen hatten. Und dann dauerte der Gründungsparteitag bis weit in die Nacht. Ich denke mit Rührung daran, wie wir uns in den Grundlagen der Demokratie, in Verhandlungskultur übten, an unseren Eifer und den Einfallsreichtum des ersten Wahlkampfs im Frühjahr 1990. Diese Ursprünglichkeit des Anfangs will ich nicht vergessen im täglichen Politikgeschäft, in dem mit der Zeit alles immer komfortabler, bürokratischer, routinierter wird und sich, wenn man nicht aufpaßt, mehr und mehr vom Alltag der Bürger entfernt.

Schnell saß mein Mann für die SPD am Runden Tisch des

DDR-Rundfunks, meine Schwägerin in der Berliner Parteileitung, mein Schwager wurde Kreisvorsitzender. Nur ich hatte kein Amt in der Partei, und ich riß mich auch um keines. Bei »Demokratie Jetzt« gab es genug für mich zu tun. Als aber die Volkskammerwahl vor der Tür stand, setzte mich meine Familie unter Druck: Die SPD hatte nicht genug Leute, es gab kaum noch jemanden, der kandidieren konnte. Nun war ich also an der Reihe. Ausgerechnet die Volkskammer mußte es sein, die in der DDR jahrzehntelang ein Scheinparlament war, zu lächerlich, um sich ernsthaft darüber aufzuregen. Gerade hatten wir noch demonstriert: »Diese Kammer, welch ein Jammer!« Und plötzlich war ich selbst drin. Einsicht in die Notwendigkeit nennt man das wohl. Ich bin nicht der Mensch, der sich vor Verantwortung drückt und gerade etwas Besseres zu tun hat, wenn er gebraucht wird.

Es traf mich wie ein Schlag, daß die SPD bei den ersten freien Wahlen in der DDR – die dann vor der Vereinigung auch die letzten waren – soviel schlechter abschnitt, als wir es erwartet hatten. Unsere Fraktion stritt lange darüber, ob wir in eine von der CDU geführte Koalitionsregierung eintreten sollten. Ich war dagegen. Schließlich wurde festgelegt, daß wir während der Koalitionsverhandlungen entscheiden würden. Ich führte die Verhandlungen für die SPD auf den Gebieten Arbeit, Soziales und Gesundheit. Ich war überzeugt, daß die CDU unsere detaillierten Vorstellungen von einer gerechten und ausgewogenen Renten-, Kranken- und Arbeitslosenversicherung, von der Beibehaltung der Fristenlösung bei Schwangerschaftsabbrüchen und der Weiterführung der Polikliniken nicht mittragen würde und deshalb eine Koalition sowieso nicht zustande käme. Zu meiner Überraschung stimmte aber die CDU allen unseren Forderungen zu. Unversehens waren wir drin in der Regierung – ich als Ministerin für Arbeit und Soziales. Vor meiner Berufung zweifelte ich, ob ich dieser Verantwortung gewachsen und der Ministersessel der rechte Platz für mich sein würde. Als aber ein weiterer Bewerber auftauchte, der mit dem Amt liebäugelte, ohne dafür die Vorarbeit geleistet zu haben und seine Kompetenz deutlich zu machen, sagte ich ja. So nahmen in den turbulenten Wendezeiten politische »Karrieren« ihren Lauf.

Als Ministerin der Regierung de Maizière geriet ich manchmal an die Grenzen meiner Belastbarkeit. Der Druck, die soziale Perspektive von Millionen Menschen gestalten zu müssen, während ich doch selbst gerade erst begann, die neuen Grundlagen zu begreifen, lag schwer auf mir. Hätten sich andere Mitglieder dieser Regierung stärker für die Interessen der Menschen im Osten eingesetzt, hätten wir mehr bewegen können. Aber wieviel Stehvermögen konnte man von Leuten verlangen, die in der DDR über Jahre oder sogar Jahrzehnte einer Blockpartei angehört hatten? Mitten in den Verhandlungen zum Einigungsvertrag mit der Bundesrepublik zerbrach die Koalition an einer durch den CDU-Ministerpräsidenten provozierten Krise — vermutlich auf Geheiß Bundeskanzler Kohls. Die Sozialdemokratie verlor jeden Einfluß auf den Vertrag. So, wie er im Gesundheits- und Sozialbereich schließlich aussah, hätte ich ihn als Regierungsmitglied nicht mitgetragen.

Mit Erschrecken hörte ich die Vereinigungslügen, mit denen die CDU und ihr Kanzler die Bundestagswahl 1990 gewannen: Im Osten würde es niemandem schlechter gehen, aber vielen besser; die Angleichung der Lebensverhältnisse würde schnell kommen, und den Westen würde die Vereinigung nichts kosten. Das war nicht nur Betrug, das hat auch Kräfte gelähmt. Wenn mir suggeriert wird, etwas Erstrebenswertes würde mir in den Schoß fallen, dann lehne ich mich erst einmal zurück und warte auf das, was da kommen soll. Man hätte den Menschen energisch sagen müssen, wie sehr ihre Anstrengungen gebraucht wurden und daß durchaus Verzicht auf sie wartete.

Solche Stimmen gab es in meiner Partei. Sie kamen gegen die »blühenden Landschaften« nicht an: Die SPD verlor die Wahl.

Mein strenges Prinzip ist es, mich an die Realitäten zu halten. Vielleicht enttäusche ich manchmal Leute, die großartige Versprechen von mir erwarten, damit sie ihre Illusionen noch eine Weile bewahren können. Ich enttäusche aber nicht damit, daß ich unbedacht gegebene Versprechen nicht erfüllen kann. Auch mir kann es passieren, daß sich Erwartungen nicht erfüllen. Ganz gewiß aber habe ich sie bei anderen Menschen nie verantwortungslos geweckt. Wenn ich mich korrigieren muß, schmerzt mich das kaum weniger als diejenigen, die dann betroffen sind. Ich nehme mich in die Pflicht, Zuversicht zu verbreiten; ich bin ja selbst Optimistin. Aber ich bagatellisiere schwierige Situationen nicht – und wo im Osten ist die Situation nicht schwierig? Den Leuten keinen reinen Wein einzuschenken, heißt doch, sie nicht ernst zu nehmen, sie der Wahrheit nicht für wert zu halten oder sie sogar bewußt hinters Licht zu führen. Sich als Politiker besonders schlau zu dünken und auf die Leichtgläubigkeit anderer zu spekulieren, ist arrogant und schändlich. Ich bin empfindlich gegen jede Form von Unehrlichkeit, in der Politik finde ich sie nicht weniger schäbig als im privaten Leben. Du sollst nicht lügen, heißt ein Gebot der christlichen Ethik. Das ist klar und deutlich ausgedrückt und erlaubt keine spitzfindigen Auslegungen. Die DDR-Propaganda strapazierte unsere Geduld mit dreisten Lügen, Halbwahrheiten, Schönfärberei und Desinformation. Zuwider ist mir aber auch die westliche Virtuosität im Erfinden nebulöser Aussagen, mehrdeutiger Formulierungen und leerer Versprechen, die man, wenn es darauf ankommt, an keinem Zipfel wirklich packen kann.

Ich habe in meinem Leben Aufrichtigkeit und Verläßlichkeit immer sehr hochgehalten, und ich habe oft genug erfahren, daß ich anderen vertrauen kann. Deshalb reagiere ich allergisch, wenn mich jemand für dumm verkaufen will, und ich bin traurig und wütend, wenn ich als unverbesserliche Optimistin wieder einmal zu leichtgläubig war. Solange ich am Aushandeln des Einigungsvertrags beteiligt war, meinte ich tatsächlich, auch die CDU, zumindest deren Verantwortliche aus dem Osten, würden die Einheit für die DDR-Bürger sozial so verträglich wie irgend möglich gestalten wollen. Mir, der es um die Sache ging, tat es weh zu erfahren, daß für andere Parteipolitik, Wahlkampf und Liebkindmachen im Westen wichtigere Motive waren. Es schmerzt, den Grundsatz »Vertrauen gegen Vertrauen« verraten zu sehen. Vor seinen Wählern steht man schließlich selbst als Versager da, wenn man weniger als möglich für sie erreicht hat. Und das, weil man den politischen Gegner, der in einer Koalition ja auch Partner ist, einfach nur für einigermaßen anständig gehalten hat. Viele sind so abgeklärt, Vertrauen für unverantwortliche Naivität zu halten. Auch ich habe in mehreren Jahren aktiver Politik dazugelernt und an Routine gewonnen. Meine Tage in der Politik werden aber gezählt sein, wenn ich erkenne, daß nur noch Diplomatie, Intrigen und eiskalte Berechnung etwas ausrichten. Zum Glück ermutigt mich aber oft die gegenteilige Erfahrung. Es gibt sie, die Politiker mit Charakter, und ich finde sie nicht nur in meiner eigenen Partei. Rita Süssmuth zum Beispiel, mit der ich gar nicht immer einer Meinung bin, ist für mich eine integre Persönlichkeit, die eine als richtig erkannte Sache verficht, auch wenn sie damit engstirnigen Denkern in den eigenen Reihen unbequem wird – ebenso Richard von Weizsäcker und die FDP-Politikerin Hildegard Hamm-Brücher.

Ehrlichkeit bedeutet für mich sogar noch mehr, als keine schamlosen Lügen oder nichtssagenden Unverbindlichkeiten in die Welt zu setzen. Ich spreche Unpopuläres oft auch dann aus, wenn ich gar nicht gefragt werde, sondern diplomatisch schweigen könnte. Ich kann nicht immer nur Dinge sagen, die Beifall finden. Auf einem Kongreß der Gewerkschaft Nahrung und Genuß gab es Proteste gegen Rauchverbote in Gaststätten. Natürlich wollen die Lokale ihre rauchenden Gäste und die Zigarettenhersteller ihre Kunden nicht verlieren. Ich hätte darüber hinweghören können. Ich war nur Gast, nach meiner Meinung zum Rauchen hatte niemand gefragt. Ich habe aber eine, und es widerspricht meinem Naturell und meinem Temperament, damit hinter dem Berg zu halten. Ich bin nämlich entschieden für ein solches Rauchverbot, als Gesundheitsministerin und als Nichtraucherin. Als Arbeitsministerin sage ich, daß wir Arbeitsplätze mit besseren Mitteln erhalten und schaffen müssen als mit blauem Dunst. Auf diesem Kongreß habe ich mir wieder einmal nicht nur Freunde gemacht.

Auf Popularität, die mit Anbiederung und Heuchelei erkauft ist, lege ich keinen Wert. Ich spüre sogar viel Zustimmung dafür, daß ich niemandem nach dem Munde rede. Wenn ich damit anderen Mut machen kann, zur eigenen unbequemen Meinung zu stehen, ist mir das recht. Umfragen, wie hoch ein Politiker in der Gunst der Wähler steht, finde ich aber sehr fragwürdig. Ich könnte mich ja darüber freuen, daß ich meist sehr gut abschneide. Aber ich halte solche »Zensuren« für kontraproduktiv. Außerdem ist viel bewußte oder unbewußte Manipulation im Spiel.

Regelrecht abstoßend finde ich Inszenierungen, mit denen »Volksverbundenheit« demonstriert werden soll – vor aller

Augen nett zu einem alten Menschen sein oder einem niedlichen Kind die Wangen tätscheln. Ich war einmal als Rednerin zu einer Mai-Kundgebung in Cottbus eingeladen. Während ich noch darauf wartete, an die Reihe zu kommen, wurde ein weinendes Kind zur Tribüne gebracht, das seine Mutter verloren hatte. Ich nahm es auf den Arm und drängte mich zum Mikrofon, um die Sache zu einem guten Ende zu bringen. Als Mutter kann man sich doch leicht in die Aufregung einer solchen Situation hineinversetzen. Nach der Kundgebung beglückwünschte mich ein Journalist zu meiner gelungenen Vorstellung. Ich verstand gar nicht gleich, was er meinte: Er war überzeugt, die Aktion sei inszeniert gewesen.

Der Segen von Orden und Ehrenzeichen, der zu allen möglichen Anlässen aus Füllhörnern über die DDR-Bürger ausgeschüttet wurde, hat mir Auszeichnungen und Lobeshymnen bis an mein Lebensende entbehrlich gemacht. Wer Humor hatte, konnte allenfalls darüber lachen. Ich wurde selbst dreimal »Aktivist der sozialistischen Arbeit«, einfach dafür, daß ich meinen Beruf verantwortungsbewußt ausübte. Wenn das nicht lächerlich ist! Allerdings wurde ich erst ausgezeichnet, als ich nach langem Sträuben in den FDGB eingetreten war. Es ging eben nicht nur um ordentliche Arbeit, sondern um Lippenbekenntnisse zur Politik des Staates.

Wenn ich heute eine Auszeichnung bekomme, muß ich mich manchmal zusammenreißen, meine Gleichgültigkeit solchen Veranstaltungen gegenüber nicht zu zeigen. Beliebtheit und Anerkennung sind für mich keine Triebkräfte. Man muß sein Maß der Dinge in sich haben, tun, was man für richtig hält und was einem möglich ist. Wenn ich das erreiche, dann bin ich eins mit mir. Nicht zufrieden, weil ich immer etwas mehr schaffen möchte, aber eins mit mir. Dann brauche ich keine verbale Bestätigung meiner Leistung. Ich erwarte ja auch zu Hause, wenn die Familie am Tisch sitzt und sich über die Schüsseln hermacht, keine überschwenglichen Komplimente für meine Kochkünste. Bei uns werden nicht genießerisch die Augen verdreht, bei uns wird gegessen. Ich sehe doch, daß es meinen Leuten schmeckt. Das genügt. Wenn ab und zu mal jemand sagt, daß eine Sauce besonders gelungen ist – gut, das lasse ich mir gefallen.

Für mich ist es die schönste Anerkennung, wenn meine Arbeit ihren Zweck erfüllt, ihr Ziel erreicht. Wenn die Betreuungsstellen für chronisch Kranke – die ich in Brandenburg wieder eingeführt habe, nachdem sie mit der Vereinigung zunächst abgeschafft worden waren – von den Patienten dankbar angenommen werden, wenn sie gern in die Gesundheitszentren gehen, die ich erhalten konnte, dann bin ich froh. Und niemand muß mich dafür ausdrücklich loben.

3
Die andere Brille

Kürzlich, ich war wie so oft in Brandenburg unterwegs, traf ich den westdeutschen Geschäftsführer eines ostdeutschen Unternehmens. Keinen dieser berüchtigten Glücksritter, die leider das Bild negativ beeinflussen, das manche Ostdeutschen von den Westdeutschen gewonnen haben, sondern einen vernünftigen Mann, der hier zum Nutzen der Menschen etwas bewegen und ihnen helfen will, mit eigener Kraft aus ihrer schwierigen Lage herauszufinden. Wir sprachen über vielerlei, hörten einander aufmerksam zu, waren manchmal, aber nicht immer, einer Meinung. Er lehnt, zum Beispiel, Ganztagskindergärten ab, weil er glaubt, in der DDR wären die Kinder dort statt zur Selbständigkeit zum Abwarten auf Anweisungen »von oben« erzogen worden. Die Folgen, so meint er, seien ihm besonders bei jüngeren Leuten um die Dreißig aufgefallen. Von jungen Frauen in unserer Runde selbstbewußt unterstützt, verteidigte ich die Kindertagesstätten. Auch über einige andere Fragen konnten wir uns nicht einigen. Schließlich sagte er — ein offensichtlich toleranter Mann, der andere Auffassungen akzeptiert und gewiß nicht immer das letzte Wort haben muß — einlenkend: »Jeder sieht eben durch seine Brille.« Meine Antwort war nicht auf ihn gemünzt: »Es ist nur so, daß viele Menschen im Westen finden, einige Millionen Ostdeutsche sollten ihre Brille wechseln, während sie ihre selbstverständlich aufbehalten könnten.«

Solange ich hinter der Mauer saß, hätte ich recht energisch bestritten, daß die »Durchschnittsbürger« in der DDR und in der Bundesrepublik so unterschiedliche Brillen auf der Nase trugen, daß es wesentliche, schwer überbrückbare Unterschiede zwischen ihnen gab. Zu den Freunden und Verwandten im Westen hatte ich wunderbare, ungetrübte Beziehungen. Nichts, außer der Mauer, schien zwischen uns zu stehen. Jahrzehntelang waren die Rollen zwischen Ost und West immer gleich verteilt. Die von drüben schickten Weihnachtspäckchen, und manchmal kamen sie, Freunde, Verwandte – nach Zahlung eines saftigen Eintrittsgeldes – auch zu Besuch. Die von hier tafelten auf, daß sich die Tische bogen. Später, als Reisen in den Westen unter bestimmten Bedingungen und in engen Grenzen erleichtert wurden, fuhren einige auch mal »rüber« und waren, wenigstens beim ersten Mal, von all dem Glanz wie geblendet. Und alle zeigten einander ihre Sonntagsgesichter. Nun sitzen Ost- und Westdeutsche, bildlich gesprochen, jeden Tag miteinander am Tisch, es gibt öfter Eintopf als Rouladen, und sie müssen sich auch im Alltag ertragen.

Für die Menschen im Osten hat sich zunächst mit der Währungsunion und schließlich mit der Vereinigung über Nacht fast alles verändert. Kaum etwas blieb, wie es war. Sie haben sich nicht von der Stelle gerührt und fühlen sich doch plötzlich da fremd, wo sie ihr Leben lang zu Hause waren. Sie müssen, so sie ihn noch haben, um ihren Arbeitsplatz fürchten; Grundstücke, auf denen sie wohnen, und Schrebergärten, die sie zu Schmuckstücken gestaltet haben, werden ihnen streitig gemacht; sie wissen nicht, wie lange sie noch die Mieten ihrer Wohnungen bezahlen können; ihre Kinder müssen sich in ein anderes Schulsystem einfügen; die Brötchen vom Bäcker schmecken nicht mehr wie früher; sie haben sich an neue Behörden zu gewöhnen und an eine neue Bürokratie, die die alte häufig in den Schatten stellt; Vorgesetzten gegenüber wird ein förmlicheres Verhalten erwartet, wo man sich früher oft heftig und direkt Luft machen konnte; Versicherungen müssen vor dem Abschluß mißtrauisch geprüft werden, man darf auf keinen Fall versäumen, das Kleingedruckte zu lesen, denn Vertrauensseligkeit ist gefährlich geworden; in der Schalterhalle einer Bank fühlt man sich wie in einer fremden Welt; das Wort »Krankenschein« bedeutete früher etwas ganz anderes als heute...

Zum Glück muß nicht auch noch eine neue Sprache gelernt werden. Wir richten uns ein, so gut und so rasch es geht. Daß dieses Gefühl, zu Hause fremd zu sein, recht schnell weicht, ist eigentlich erstaunlich. Die Leistung, die den neuen Bundesbürgern bei den banalen Verrichtungen und Entscheidungen des Alltags abverlangt wird, darf man ruhig imponierend nennen. Dazu wird ihnen oft genug suggeriert, ihr ganzes bisheriges Leben sei wenig wert gewesen. Von neuem wird Anpassung von ihnen erwartet, während man ihnen gleichzeitig lautstark vorwirft, sie hätten sich vierzig Jahre lang in unwürdiger Weise untergeordnet. Es ist nicht verwunderlich, daß sich dagegen ein trotziges Selbstbewußtsein formiert, das manchmal verständnislos Undankbarkeit genannt wird. Es ist ein anderes Selbstbewußtsein als das, welches wir uns jetzt in Bewerbungstrainingskursen aneignen sollen. Nicht jeder kann und will nachvollziehen, unverhofft der Größte, Schönste, Begabteste und Leistungsfähigste zu sein. Ehrlicher ist das realistische Bewußtsein der eigenen Lebensleistung, derer man sich nicht zu schämen braucht. Auch Irrtümer einzugestehen ist keine Schande, wohl aber ein Wagnis in einer Welt, in der wenigstens der äußere Schein perfekt zu sein hat. Im Westen weiß man diesen Schein viel besser zu wahren und sich keine Blöße durch Fragen an sich selbst zu geben.

Eine Statistik besagt, daß 1991 fünfundzwanzig Prozent

der Ost- und Westdeutschen meinten, sie hätten sich auseinandergelebt. 1992 glaubten das schon vierunddreißig Prozent. Neunundzwanzig Prozent gingen 1991 und zweiundvierzig Prozent 1992 von unverändert großer Fremdheit aus. Diese Zahlen sprechen vielleicht weniger für eine immer breiter werdende Kluft, sondern eher für ein deutlicheres Bewußtwerden der schon lange bestehenden Unterschiede, die in den Jahrzehnten der Trennung entstanden sind. Ich denke, die Menschen in der DDR waren stets neugieriger auf das Leben in der Bundesrepublik als umgekehrt. Wir im Osten hatten ja soviel weniger Möglichkeiten, uns in der Welt umzutun, und konzentrierten unser Interesse eben auf die deutschen Nachbarn, deren Freizügigkeit und Wohlstand für viele zum erträumten Ideal wurden.

Ich gebe zu, daß auch ich nur sah, was ich sehen wollte. Der Propaganda in den DDR-Zeitungen glaubte ich natürlich kein Wort. Aber auch ARD und ZDF berichteten ja über Arbeitslosigkeit, Berufsverbote und Korruptionsskandale im Westen. Bei uns zu Hause gab es nie ein Fernsehgerät, aber meine Mutter, eine begeisterte Fernsehzuschauerin, erzählte uns beim gemeinsamen Abendbrot davon. Wir wollten es nicht hören. Die offizielle DDR-Politik war in unseren Augen sowieso ein einziger Skandal. Was bedeuteten Berufsverbote im Westen schon gegen die Schikanen und Benachteiligungen, die wir im Freundeskreis erlebten? Und kannten wir etwa Arbeitslose? Unsere Verwandten und Bekannten im Westen hatten alle Arbeit. Da mußten sich einige sensationshungrige Journalisten wohl die Ausnahmen herausgepickt haben.

Kurzum: Wir nahmen die Probleme im Westen nicht ernsthaft zur Kenntnis, weil sie durch die Schwierigkeiten unserer eigenen Lage relativiert wurden. Kritik an der Bundesrepublik verglichen wir immer sofort mit den Mißständen, die wir selbst täglich zu spüren bekamen. Wir waren intelligente, aufgeschlossene Menschen, und doch blendeten wir einen uns unangenehmen Teil der Wirklichkeit einfach aus. Natürlich behielt meine Mutter recht. Heute würde ihr niemand mehr widersprechen. Sie braucht uns auch nicht mehr viel zu erzählen, obwohl wir noch immer keinen Fernseher haben. Die neue Realität ist uns allen dicht auf den Leib gerückt, wir können ihr gar nicht mehr ausweichen.

Mit dieser Erkenntnis wuchs allmählich die Besinnung auf Dinge, die wir früher — als von der DDR-Propaganda hochgejubelte »Errungenschaften des Sozialismus« — geringgeschätzt oder geschmäht hatten. Die Anerkennung, die Gäste aus dem Westen seinerzeit vielleicht unserer Kinderbetreuung oder der Selbständigkeit der Frauen zollten, taten wir mit einem Schulterzucken ab. Was war das schon? Aber während ich als Ministerin der letzten DDR-Regierung die Bedingungen des Übergangs von sechzehn Millionen Menschen in eine neue Gesellschaft mitzugestalten hatte, wurde mir klar: Da war einiges, was wir noch dringend brauchen würden, und das gab es in der Bundesrepublik nicht. Dieses und jenes, so wurde uns nun gesagt, haben wir hier nicht, brauchen wir nicht, und es paßt auch nicht in unser System.

Müssen wir uns damit abfinden? Aus Dankbarkeit, endlich Bundesbürger sein zu dürfen? Oder soll uns, weil wir so lange unter einer Diktatur ausgeharrt haben, bis ans Ende unserer Tage das schlechte Gewissen den Mund verschließen? Ich habe mich in der DDR immer gegen Ungerechtigkeit und Dummheit gewehrt, und ich sehe keinen Grund, jetzt zu Ungerechtigkeit und Dummheit zu schweigen. Öffentliche Einmischung ist immer wieder nötig. Ich muß nicht jetzt alles gut finden, weil ich früher alles schlecht fand.

Ich war nicht stolz darauf, Bürgerin der DDR zu sein, und eine besondere »DDR-Identität« hätte ich früher glatt geleugnet. Jener Stolz stellt sich auch heute nicht ein, aber im nachhinein sehe ich Dinge, mit denen ich mich identifizieren kann, weil sie vernünftig waren. Und weil ich selbst, ohne das damals so zu sehen, unter Mühen daran mitgewirkt habe. Ich habe eben nicht nur unter Zwang gehandelt, sondern freiwillig manches in Bewegung gebracht, das ich für notwendig und richtig hielt. Ich habe meine eigene, von der westlichen recht verschiedene, Lebenserfahrung, und ich lasse mir nicht einreden, daß sie wertlos ist.

Der Blick zurück wird oft als DDR-Nostalgie mißverstanden. Tatsächlich breitet sich stellenweise eine solche Stimmung aus, weil die Menschen sich in ihren Erwartungen an das neue Leben enttäuscht sehen. Über den Verdacht, mir die DDR zurückzuwünschen, bin ich wohl erhaben. Aber für eine Verbesserung der Welt, in der wir heute leben, werde ich streiten, wie ich immer gestritten habe. Und wenn mir dabei frühere Erfahrungen nützlich sein können, werde ich mich an sie erinnern.

Ich will ein wenig aus dem ganz normalen Alltag einer Mitarbeiterin des Labors der DDR-Zentralstelle für Diabetes in der Berliner Klosterstraße erzählen. Dort war, bis zu meiner Berufung zur Ministerin, für viele Jahre mein Arbeitsplatz, nachdem ich den VEB Berlin-Chemie verlassen hatte. Auf der neuen Stelle beschäftigte ich mich nicht mehr nur mit pharmazeutischer Insulinforschung, sondern direkt mit den zukkerkranken Patienten, die Insulin spritzen müssen. Für Diabetiker war es dazumal nicht leicht: das Diätangebot in den Geschäften spärlich – die ewig gleichen, klebrigen Marmeladengläser, einige wenig schmackhafte Naschereien, Süßstoff für Kaffee und Hausbäckerei –, schlimmer aber noch die »Rekord«-Spritzen mit den starken Kanülen, deren Dauergebrauch unangenehme Spuren am Körper hinterließ, vor allem an den Armen und Beinen der Kinder. Die feinen Einwegspritzen, auf die wir begehrlich schauten, gab es nur im Westen. Wer immer die Möglichkeit hatte, ließ sie sich von Verwandten schicken oder brachte sie von einer der seltenen Reisen mit. Von regelmäßigem Nachschub konnte so natürlich keine Rede sein. Ein unbefriedigender Zustand. Ich begann zu erkunden, wie oft so ein kostbares Gerät wirklich zu benutzen war. Es ging mir einfach gegen den Strich, die Spritzen bei ihren so vorzüglichen Eigenschaften nach einmaligem Gebrauch im Müll landen zu sehen. Der Not gehorchend, prüfte ich also, wie oft ein Diabetiker, der sich unter häuslichen Bedingungen Insulin injiziert, Einwegspritzen benutzen konnte. Ich kontrollierte ihre Sterilität nach oftmaligem Gebrauch, die der Ampullen nach häufigem Anstich und bestimmte den Insulingehalt der Lösungen. Die diesbezüglichen Bestimmungen in der DDR waren streng. Mit meinen Untersuchungen erreichte ich aber, daß die Mehrfachbenutzung von Einwegspritzen über Tage und zum Teil sogar Wochen akzeptiert wurde. Bei der Weiterbildung von Diabetologen und mittlerem medizinischen Personal wurde diese Verfahrensweise bekannt gemacht. Vielen Diabetikern blieben künftig die Benutzung und das ständige Auskochen der »Rekord«-Spritzen erspart. Die Ergebnisse der Untersuchungen publizierte ich sogar in Fachzeitschriften und auf Kongressen. Unter westlichen Verhältnissen, dachte ich, müßten solche aus der Not geborenen Untersuchungen absurd erscheinen. Bald aber konnte ich mich im stillen amüsieren: Ich las von ähnlichen Forschungen in Westeuropa und in den USA. Dort litt man zwar keinen Mangel an modernem Gerät, dafür aber bereiteten eskalierende Kosten und wachsende Müllberge der Wegwerfgesellschaft Schwierigkeiten.

Für die wichtigen Blutzuckertagesprofile unserer Patienten

fehlten lange Zeit die im Westen gebräuchlichen, praktischen Teststreifen. Von handlichen Meßgeräten und kleinen Computern, in die ein Diabetiker die im Laufe des Tages schwankenden Blutzuckerwerte einspeichert, konnten wir nur träumen. Meine Kolleginnen und ich dachten uns, statt zu resignieren, aufwendige, aber hilfreiche Ersatzverfahren aus. Wir entwickelten ein »Tagesprofilset«, mit dessen Hilfe der Diabetiker wenigstens nachträglich seine Blutzuckerwerte erfuhr. Er mußte lernen, sich mit einer Schreibfeder selbst in den Finger zu stechen, eine bestimmte Menge Blut auf eine Pipette zu ziehen und in eine Lösung zu geben. Alle zwei bis drei Stunden, über einen Tag und eine Nacht hinweg, mußte er die Prozedur wiederholen. Am nächsten Tag brachte er uns dann die Proben ins Labor. Die am Automaten bestimmten Blutzuckerwerte teilten wir dem Patienten und seinem Arzt mit, und gemeinsam konnten sie Schlußfolgerungen für Insulindosierung, Zeitpunkt der Injektion, Menge der »Broteinheiten« der Mahlzeiten und Verhalten unter besonderer körperlicher Belastung ziehen. Welch enormer Fortschritt waren da die ersten Teststreifen für die Blutzuckerbestimmung in der DDR, an deren Entwicklung unser Labor maßgeblich beteiligt war! Welche Mühe machte die Erprobung von DDR-Varianten der Teststreifenmeßgeräte! Insulindosierer wurden, entsprechend unseren Möglichkeiten, den perfekten Konstruktionen des Westens »nachempfunden« und von Labormitarbeitern, Ärzten und Patienten engagiert und geduldig ausprobiert. Sogar Insulinpumpen bauten wir mit unserer Technik nach.

Mit unseren Kenntnissen waren wir auch diagnostisch immer auf der Höhe der Zeit, leider aber nicht mit unserer Praxis. Blutzuckerwerte sind Momentaufnahmen. Inzwischen gibt es jedoch andere Parameter, die ein »Langzeitgedächtnis« für mehrere Wochen darstellen — eine ganz wichtige Größe für die Qualität der Therapie und ihre Verbesserungsbedürftigkeit. Aus der Literatur kannten wir diesen HbA1 genannten Parameter, ein besonderes Hämoglobin. Seine Bestimmung kam bei unserer Ausstattung mit Apparaten und Chemikalien aber nicht in Frage. Geräte aus dem »nichtsozialistischen Wirtschaftsgebiet« – nur für Devisen, also »Westgeld«, zu haben – standen uns so gut wie gar nicht zur Verfügung. Von unserer Dienststelle aus durften wir nicht einmal bei Westberliner Herstellern anrufen, um uns nach den Preisen zu erkundigen. Lange Anträge in x-facher Ausfertigung mußten gestellt werden und eine schwer durchschaubare Genehmigungsmaschinerie durchlaufen, ehe man nach Jahren vielleicht doch das gewünschte Produkt erhielt. Also dachten wir uns »Prärievarianten« aus: Methoden, die überall mit einfachen Chemikalien und vorhandener Technik angewandt werden konnten. Die Zusammenarbeit und gegenseitige Hilfe zwischen engagierten Laboranten im ganzen Land, der Austausch von Erfahrungen und ihre Publizierung in Weiterbildungsveranstaltungen waren vorbildlich. Nach und nach konnten wir dann auch höherwertige, speziellere Methoden und Geräte zur HbA1-Bestimmung entwickeln.

So ist es mein Leben lang gewesen. Ich hatte keine hochfliegenden Pläne und schielte nach keiner Karriereleiter. Ich gründete keine Oppositionsgruppe, um mit der Abschaffung der DDR den Zugang zur Einwegspritze freizukämpfen. Ich setzte mir keine illusorischen Ziele, um nach vergeblichen Mühen immer wieder enttäuscht zusammenzubrechen. Meine Ziele sind mit einigem Durchstehvermögen meist zu verwirklichen. Den größten Teil erreiche ich in kleinen Schritten, wenige durch den großen Wurf einer grundsätzlichen Veränderung. So arbeitete ich als Biologin, so mache ich heute Politik. Ich habe, so glaube ich, einen scharfen Blick für Probleme, und ich versuche, sie innerhalb der mir gesetzten

Grenzen zu lösen. Diese Grenzen so weit wie möglich hinauszuschieben, darauf richten sich mein Wille und mein Ehrgeiz, doch in der Mangel- und Kommandowirtschaft waren sie oft eng gezogen. Weil ich unter solch ungünstigen Verhältnissen lange gelebt und gearbeitet habe, verzweifle ich heute nicht an jedem kleinen Hindernis, das sich mir in den Weg stellt, schon gar nicht an technischen Pannen. Ein defektes Telefon bringt mich nicht so schnell aus der Ruhe, das miserable Fernsprechnetz der DDR hat mich wenigstens in dieser Hinsicht Gelassenheit gelehrt. Nicht umsonst gelten die Menschen im Osten als Improvisationskünstler.

Zur Betreuung chronisch Kranker, also auch der Diabetiker, gab es in allen Kreisen und Bezirken der DDR ein Netz sogenannter Dispensaire-Stellen, in denen speziell ausgebildete und auf ihrem Gebiet besonders erfahrene Ärzte, Schwestern, Fürsorgerinnen, medizinisch-technische und Diätassistentinnen arbeiteten. Neben der Prävention, Diagnose und Behandlung berieten sie die Patienten zu Fragen der Selbstkontrolle, der Spritztechnik, der Diät, des Verhaltens bei körperlicher Belastung und sogar ihres Berufes. Patientinnen mit Kinderwunsch bewahrten sie durch optimale präkonzeptionelle Stoffwechseleinstellung weitestgehend vor Komplikationen in der Schwangerschaft, vor Fehlgeburten und Mißbildungen der Säuglinge. Um Spätkomplikationen und Sekundärerkrankungen des Diabetes, beispielsweise Herz-Kreislauf-Krankheiten, Nierenschädigungen, Beeinträchtigungen des Sehvermögens bis zur Blindheit, möglichst geringzuhalten, wurden die Kranken regelmäßig von Spezialisten mit Diabeteserfahrung untersucht und, wenn nötig, behandelt.

Die Zentralstelle für Diabetes und Stoffwechselkrankheiten in Berlin, in der ich mehr als zehn Jahre gearbeitet habe, beschäftigte außer Fachärzten für innere Medizin, die eine vierjährige Ausbildung zum Diabetologen absolviert hatten, auf Diabetes spezialisierte Augenärzte, Gynäkologen, Neurologen, Herz-Kreislauf-, Nieren-, Hautspezialisten und Biomedizintechniker. Eine Psychologin ergänzte die Betreuung. Jeder Diabetiker wurde mit großem interdisziplinären Sachverstand beraten und betreut. Das Personal nahm sich Zeit für ausführliche Gespräche.

Ein Beispiel für die »DDR-Spezifik« der Betreuung chronisch Kranker möchte ich gern modellhaft etwas ausführlicher darstellen: das Ferienlager für an Diabetes erkrankte Kinder. Mit sechzig Kindern aus Berlin und dem Bezirk Potsdam fuhren wir damals für einen Monat in die »Ferien« — Ärzte, Fürsorgerinnen, Diätassistentinnen, Krankenschwestern aus den Dispensaire-Stellen, Helfer und ich als Laborverantwortliche. Die Kinder sollten sich erholen, Spaß haben und dabei ihren Stoffwechsel neu eingestellt bekommen, um Krankenhausaufenthalte zu vermeiden. Gleichzeitig sollten sie lernen, mit ihrer Krankheit möglichst unbeschwert zu leben — wenn man von Unbeschwertheit überhaupt reden kann. Die mittlere Lebenserwartung eines sehr jungen Menschen nach der Manifestation von Diabetes liegt derzeit bei ungefähr zwanzig weiteren Jahren; nach zehn Jahren beginnen oft schon größere gesundheitliche Komplikationen. Nur durch interdisziplinäre fachkundige Betreuung und intensivierte Therapie in Verbindung mit starker Motivation und gut trainierten Fähigkeiten im Beherrschen der Krankheit lassen sich Lebenserwartung und Lebensqualität erhöhen. Unsere eingeschworene Truppe scheute keine Mühe, mit den Kindern solche Fähigkeiten in heiterer Ferienatmosphäre einzuüben. Zur Erläuterung: Diabetische Kinder müssen in der Regel mehrmals am Tag Insulin spritzen, abgestimmt dazu mehrmals täglich definierte Mengen von kohlehydrathaltiger Nahrung (Brot, Kartoffeln, Nudeln) zu sich nehmen, zwischendurch meist noch Blutzuckerbestimmungen vornehmen, körperliche Belastung dosieren – sie müssen also rund um die Uhr bewußt leben.

Bei »Unterzuckerung«, also zu wenig Zucker im Blut, kann es zu Schocks mit Bewußtlosigkeit kommen; bei »Überzuckerung«, das heißt extrem zu hohen Blutzuckerwerten, zu dem gefürchteten *Coma diabeticum*, einer inneren »Vergiftung«, die oft zum Tode führt. Komata gab es in der DDR so gut wie gar nicht mehr, da Früherkennung der Krankheit und gute Kontrolle die Menschen davor bewahrten.

Ich beschreibe das so detailliert, weil sich daraus für mich die dringende Notwendigkeit ergibt, den chronisch Kranken, insbesondere den Kindern, so gut wie irgend möglich zu helfen, mit ihrer Krankheit umgehen und leben zu können. Deshalb unser Ferienlager: Die Kinder lernten und übten, mit der Insulinspritze besser zurechtzukommen (neue Spritzstellen, neue Spritztechnik), sich selbst Blut abzunehmen, Blutzucker- und Harnzuckerspiegel zu bestimmen – anfangs noch mit einer Kochmethode –, Lebensmittel nach ihren Kohlehydrateinheiten zu beurteilen und Gerichte zusammenzustellen, die trotz aller Einschränkungen und der Vermeidung von Zucker schmackhaft waren. Sie lernten, Insulindosierung, Mahlzeiten und die verschiedenartigen Belastungen des Tages mit ihrer Blutzuckerkurve in Verbindung zu bringen und die richtigen Schlußfolgerungen daraus zu ziehen. Die Mädchen wurden in den Umgang mit Verhütungsmitteln eingeweiht und erfuhren, wie wichtig eine gute Insulineinstellung für die Geburt gesunder Kinder ist. Ganz bedeutsam war auch die Erfahrung, daß es eine Reihe anderer an Diabetes erkrankter Kinder gab, daß man mit der Krankheit klarkommen und groß werden konnte. Als Helfer hatten wir fast ausschließlich junge, engagierte, ebenfalls zuckerkranke Leute gewonnen, für die das Ferienlager und die Gemeinschaft des Teams ein Teil ihres Lebens und ihrer Lebensbewältigungsstrategie geworden waren. Auch der leitende Arzt, einige Labormitarbeiter und Diätassistentinnen waren Diabetiker, die Insulin spritzen und Diät halten mußten.

Es war immer eine tolle Sache, wenn wir mit vollen LKWs und PKWs aus unseren medizinischen Einrichtungen aufs Land zogen – in ein Internat, dessen Schüler Sommerferien hatten. Innerhalb von Stunden »verzauberten« wir das ganze Haus: Wir richteten Labor, Schwesternzimmer, Gruppenräume, Dunkelkammer, Bastel- und Bioraum ein, die Duschräume wurden mit »Bombenregalen« ausgestattet. »Bomben« wurden die großen Gläser zum Sammeln des Urins der Kinder für die Harnzuckerbestimmung genannt. Jeder mußte das Glas mit seiner Nummer benutzen, sonst gab es Ärger. Pionierwimpel, Anerkennungsurkunden und sonstige Insignien verschwanden von den Wänden; das Internat wurde kunterbunt von unseren Plakaten, Plänen, Informationen zum Tagesablauf, zum Lagerleben. Ich selbst war eigentlich für das Labor zuständig, sah meine Aufgabe aber in der ganzheitlichen Betreuung: Behandlung *und* Ferien!

Als Biologin richtete ich natürlich einen Bioraum ein. Aus der Küche – durch unsere Diätassistentinnen zu einer Diätküche umfunktioniert, in der die Kartoffeln oder Nudeln zum Mittag für jedes Kind entsprechend seinem Kostplan abgewogen werden konnten – bekam ich kleine Diätmarmeladengläser, in denen wir Käfer und anderes kleines Getier fangen und transportieren konnten. Große Gurkengläser wurden im Bioraum Heimstatt von Blutegeln, Gelbrandkäfern, Rückenschwimmern und anderen Tieren. Wasserschnecken legten ihren Laich in unseren Gurkengläsern ab, und das große Heupferd, eine Riesenform des Grashüpfers, bohrte mit einem überdimensionalen Legestachel seine Eier in den Sand.

Frösche, Krebse, Lurche waren unsere Gäste — wenn sie unter Naturschutz standen, natürlich immer nur für ganz kurze Zeit. Das »Tier des Tages« und die »Pflanze des Tages« wurden täglich neu ausgestellt. Sie prägten sich im Vorübergehen ein, und so konnten auch diejenigen, die nicht zu den engagierten Stammgästen des Bioraums gehörten, bei der »Biowanderung« am Ende des Lagers im Wettkampf um Preise mitmischen.

Es wurde auch viel gebastelt. Standard war das Bemalen von Gipskacheln, die ich selber goß. Dafür verbrauchte ich in der Regel mehrere Zentner Gips pro Durchgang. Von meinen Westverwandten wünschte ich mir zu Weihnachten Plastikformen für die Kacheln — zum Beispiel spielende Katzen oder Bäume im Wandel der vier Jahreszeiten — und fertigte Muster an, die dann Kinder (und Erwachsene!) im Ferienlager dazu animierten, selbst Kacheln mit großer Akribie farblich zu gestalten. Farben, Pinselsortimente und sonstige Ausrüstungen wurden, der Mangelwirtschaft wegen, im Vorfeld besorgt, auch Nitrolack zum Überziehen, damit die kleinen Kunstwerke wirklich wie Kacheln aussahen. Bis zu zwanzig Kinder waren ständig am Pinsel, wenn auch manchmal nur für einige Minuten zwischen Insulinspritzen und Essen.

...und natürlich unsere Festivitäten! Die Disco — »Schockbombendisco« genannt, nach dem Schock bei Unterzuckerung und dem Urinsammelbehälter — kam immer gut an. Ein Höhepunkt war das Bergfest zur »Halbzeit« des Lagers, für das alle vier Gruppen — kleine und große Mädchen, kleine und große Jungen — Programme vorbereiteten. Oft hatten die Vorführungen mit der Krankheit zu tun: beispielsweise ein Sketch über den Austauschzucker Sorbit in Marmeladen, auf den viele Kinder in ihrer Diät angewiesen sind, der aber zu Meteorismus, also überdimensionalen Blähungen, führt; oder einer über eine blutrünstige Schwester mit einer riesigen Spritze. Aber auch die Modenschau und die Ballettnummern der Jungen waren umwerfend!

Fotoausrüstung und Dunkelkammer begleiteten mich in jedes Ferienlager. Die späten Abende konnte ich dazu nutzen, Filme und Bilder zu entwickeln. Morgens hingen die Fotos dann schon im Flur vor dem Labor, so daß die Kinder, die früh zu einer Blutabnahme kommen mußten, außer dem Streß auch Freude hatten. Am Ende des Lagers konnten die Kinder und Erwachsenen dann Bilder bestellen (und vom Taschengeld bezahlen), die wir in Berlin entwickeln ließen und dann verschickten. Na, das war was: für über hundert Leute über dreitausend Bilder zu sortieren und entsprechend den Bestellungen zuzuordnen! Ich hatte aber immer Helfer, die all diese Arbeiten zu einem gemeinsamen Anliegen machten.

Und was war nicht alles zu fotografieren; das Neptunfest mit einem von den großen Jungen gebauten Floß, Neptuntaufen, geschminkten Nixen, bemalten Häschern; ein Riesenlagerfeuer, für das alle Gruppen Holz herangeschleppt hatten; die »Pirselfeuer« mit am Stock geröstetem Brot, Tee aus selbst gesammelter Minze und Liedern zur Gitarre; Dampferfahrten und Busexkursionen, zu denen wir Körbe und Pakete mit den Mahlzeiten für den ganzen Tag mitnahmen, die für jedes Kind entsprechend seinem Kostplan vorbereitet worden waren!

Nicht zu vergessen: unsere täglichen Badefreuden. Extra fürs Ferienlager hatte ich eine Rettungsschwimmerausbildung absolviert, um den Kindern häufiges Baden zu ermöglichen. Es stellte sich heraus, daß viele Kinder schwimmen konnten, aber selten ihre Schwimmstufenprüfungen in der Schule abgelegt hatten — vermutlich wegen der Ängste der Lehrer, sie könnten im Wasser von Ohnmacht durch Schock bedroht sein. Ich wollte helfen, dieses Defizit auszugleichen, und ermutigte die Kinder, für die Schwimmstufen zu üben und dann im nahegelegenen Strandbad die Prüfungen bei mir zu absolvieren. Innerhalb weniger Jahre hatte ich den anfangs signifikanten Unterschied zwischen der Schwimmleistung diabetischer und stoffwechselgesunder Kinder ausgeglichen. Darüber veröffentlichte ich sogar eine wissenschaftliche Arbeit. Jedes Jahr stellten wir uns eine kleine wissenschaftliche Forschungsfrage für das Ferienlager, und den Kindern machte es Spaß, daran mitzuwirken.

Das alles wurde also im Foto festgehalten und nach Abschluß des Ferienlagers im Warteraum der Kinderambulanz ausgestellt, was alle Wände füllte. Nicht nur die Kinder, die dabei waren, konnten sich daran erfreuen, sondern auch alle anderen, die dadurch fürs Ferienlager begeistert wurden. Zum Schluß wurden aus den Fotoseiten dicke Alben gebunden, die im Jahr darauf wieder ins Ferienlager mitgenommen wurden. In zehn Jahren kam so eine erkleckliche Sammlung zustande!

Im Ferienlager wurden Freundschaften geschlossen und sogar Ehen gestiftet, also Beziehungen zwischen Menschen mit gleichem Schicksal hergestellt, die sich als beständig und hilfreich erwiesen und zur Bewältigung der durch die chronische Krankheit bedingten Probleme beitrugen.

Und dann kam die Wende. Was wir nicht hatten, uns aber für die Patienten so sehr wünschten, wurde nun wie aus einem Füllhorn über uns ausgeschüttet: Einwegspritzen, Dosierautomaten, Insulinpumpen, Selbstkontrollmöglichkeiten, Diätprodukte in unüberschaubarer Vielfalt, hochwertiges Insulin...

Was uns genommen wurde, war aber mindestens genauso wichtig: Unser gesamtes, gut durchdachtes Betreuungssystem paßte nicht in die Struktur des bundesdeutschen Gesundheitswesens. Die Dispensaire-Stellen, wie sehr ich auch um sie kämpfte, wurden aufgelöst; das spezialisierte Personal verstreute sich in alle Winde. Natürlich waren auch die Diabetikerkinder-Ferienlager nicht mehr durchführbar. Die insulinpflichtigen Diabetiker suchten nun meist niedergelassene Ärzte für Allgemeinmedizin auf, denen im Umgang mit dieser Krankheit — wegen der anderen Betreuungsstrukturen in der DDR — jede Erfahrung fehlte und die durch das Übermaß neuer Technik und neuer Präparate zusätzlich verunsichert waren. Natürlich kann sich eine einzelne Praxis auch nicht den Luxus leisten, Diätassistentinnen und Sozialarbeiterinnen zu beschäftigen. Außerdem brauchen Diabetiker vor allem ausführliche Beratung, aber wenig Apparatemedizin. Für lange Gespräche wird ein Arzt jedoch in der Regel nicht bezahlt; sein Geld verdient er zum großen Teil mit der Anwendung kostspieliger Geräte in Diagnose und Therapie. Er wird also, zumindest unter dem Gesichtspunkt der Wirtschaftlichkeit, den Diabetespatienten mit gemischten Gefühlen betrachten und bei seiner Beratung verstohlen zur Uhr schielen. Die Diabetiker im Osten sahen sich plötzlich einer Fülle neuer Möglichkeiten gegenüber, die ihnen das Leben erleichtern konnten, aber sie fanden nur schwer jemanden, der ihnen die Novitäten in Ruhe erklärte. Im Westen wird seit langem darüber diskutiert, daß die Betreuung chronisch Kranker aus all diesen Gründen zu wünschen übrig läßt. Im Osten wurden gute Strukturen zerschlagen — nun können wir gemeinsam über die Mängel klagen.

Lamentieren liegt mir allerdings nicht. In Brandenburg haben wir jetzt ein Netz von Schwerpunktpraxen für Diabetologie mit spezialisierten Fachärzten eingerichtet. Eine Vereinbarung mit den Krankenkassen ermöglicht auch die Abrechnung der Beratungsleistungen für Diabetiker. Außerdem gibt es fünfzehn Betreuungsdienste für chronisch Kranke, in denen wieder Sozialarbeiterinnen, Diätassistentinnen und

Beratungspersonal zur Verfügung stehen und die Patienten in Kooperation mit den Schwerpunktpraxen betreuen. Millionen von Mark aus Landesmitteln kostet uns die Wiederherstellung dieser spezifischen medizinischen Versorgung, die aber immer noch nicht an das Niveau heranreicht, das wir einmal hatten. Auch die Kinderferienlager habe ich gemeinsam mit der Brandenburger AOK erneut ins Leben gerufen. Sie heißen jetzt Vorsorgekuren. Die alte Mannschaft ist zum Teil wieder beieinander, und ich bedaure sehr, daß mir mein Zeitplan nur noch Stippvisiten erlaubt. Ich würde mich so gern länger mit den Kindern an den neuen Hilfsmitteln und appetitlichen Diätprodukten freuen!

Leider waren bis vor kurzem etliche an Diabetes erkrankte Kinder noch von solch einer Kur ausgeschlossen. Der Grund dafür macht mir auch in vielen anderen Fällen zu schaffen: das gegliederte Krankenversicherungssystem mit seinen verschiedenen Krankenkassen, die sich ihre Mitglieder oft sehr sorgfältig aussuchen. Nur die AOK muß jeden aufnehmen, der es wünscht oder der anderswo nicht unterkommt. Die sozial Starken werden von den sozial Schwachen geschieden, von den Arbeitslosen, Sozialhilfeempfängern, Rentnern, Kinderreichen, Behinderten – und die finden sich im Auffangbecken AOK wieder, das dadurch stark belastet wird. Um die Differenz zwischen niedrigen Beiträgen durch geringe Einkommen einerseits und hohen Ausgaben durch starke Inanspruchnahme von Leistungen andererseits auszugleichen, muß die AOK einen besonders hohen Beitragssatz erheben. Denen, die ohnehin am wenigsten Geld zur Verfügung haben, wird also prozentual am meisten von ihren Einkünften abgezogen.

Besonders deutlich wurde die Ungerechtigkeit bei der Einführung von Betriebskrankenkassen in Brandenburg, gegen die ich mich sehr gewehrt habe. Der Name sagt es schon: Das ist eine Versicherung für Menschen, die einem Betrieb angehören, also Arbeit haben. Damit sind sie derzeit vielen anderen gegenüber sowieso begünstigt. Frauen mit kleinen Kindern zum Beispiel, in der Arbeitslosenstatistik überproportional vertreten, fallen der Betriebskrankenkasse kaum zur Last. Und wer heutzutage Arbeit hat — meist sind es jüngere, einigermaßen gesunde Menschen —, überlegt sich lieber dreimal, ob er es sich leisten kann, krank zu sein. Die Betriebskrankenkassen verzeichnen also hohe Einnahmen und geringe Ausgaben und können mit besonders niedrigen Beitragssätzen locken.

Dieses Versicherungssystem ist in meinen Augen äußerst ungerecht. Die Begünstigten haben eine Versicherung erster Klasse, die Benachteiligten bleiben ohne Solidarität anderer in der zweiten Klasse unter sich. Mit niedrigen Beiträgen werben die Kassen um die Besserverdienenden. Werbung für Entsolidarisierung — das empört mich. Ich bin aus Prinzip in der AOK versichert, und das bleibt auch so. Wenigstens kleine Reformen wird es durch das Gesundheitsstrukturgesetz demnächst geben: Wahlfreiheit der Patienten gegenüber den Kassen; Pflicht der Kassen, jeden Antragsteller aufzunehmen; ein gewisser finanzieller Ausgleich zwischen den Kassen. Und trotzdem wird die AOK die Krankenversicherung vor allem der Benachteiligten bleiben.

Ich kenne keine einzige vernünftige Begründung für die Ablehnung einer einheitlichen, solidarischen Krankenkasse, wie wir sie in der Koalitionsvereinbarung der letzten DDR-Regierung von CDU, FDP und SPD festgeschrieben hatten. Warum muß es auf einem solchen Gebiet Konkurrenz geben? Das Wort »Einheitskasse« wird von manchen Leuten nur mit arrogant gespitztem Mund ausgesprochen. Für mich als Gesundheitspolitikerin wäre eine solche Kasse bei allen anderen Vorteilen auch noch eine große Hilfe. Manchmal könnte ich fast an der Fülle komplizierter Verhandlungen verzweifeln, die wir mit so vielen verschiedenen Partnern führen müssen, ehe wir eine gute Idee durchsetzen können. Und manche Idee ist schon gescheitert, weil keine Einigung zustande kam. Im Falle der Diabetikerkinder-Ferienlager waren die AOK-Mitglieder sogar einmal im Vorteil. Ihre Kasse war nämlich zunächst die einzige, die solche Kuren unterstützte. Inzwischen werden die Vorsorgekuren auch von anderen Kassen bezahlt.

Als geradezu widersinnig empfinde ich die systematische Zerstörung der Polikliniken. Das Gesundheitswesen im Osten war gewiß dringend sanierungsbedürftig. Den überall offen zutage tretenden Mängeln trotzte es oft nur durch die aufopfernde Tätigkeit seiner Mitarbeiter. Daß aber auch zerschlagen werden mußte, was gut an ihm war, ist mit Vernunft einfach nicht zu begründen. Schon das Wort »Poliklinik« ist negativ belegt. Die dreißig Einrichtungen, die wir im Land Brandenburg retten konnten, heißen nun Gesundheitszentren.

Die AOK und die Betriebskrankenkassen hatten in der Nachwendezeit in wissenschaftlichen Untersuchungen festgestellt, daß Polikliniken kostengünstig arbeiten, ja sogar ein Modell für die Zukunft der ambulanten Betreuung sein könnten. Die Lobby der niedergelassenen Ärzte und ihre berufsständische Vertretung haben jedoch von Anfang an die Strukturen des ambulanten Gesundheitssystems der DDR — bestehend aus staatlichen Arztpraxen, Ambulatorien mit einigen Fachdisziplinen und Polikliniken mit vielen Ärzten unterschiedlicher Fachrichtungen — bekämpft. Obwohl auch im Westen der Trend zu Gemeinschaftspraxen oder Praxisgemeinschaften nicht mehr zu übersehen ist — etwa dreißig Prozent der niedergelassenen Ärzte arbeiten bereits so —, wurde der Osten faktisch zu Einzelniederlassungen gezwungen: ein Schritt zurück statt nach vorn. Eine fatale Benachteiligung bei der Finanzierung durch die kassenärztliche Vereinigung manövrierte die Polikliniken praktisch an den Rand des Abgrunds. Nur bei dreißig Einrichtungen gelang uns die Stabilisierung durch intensive Beratung und Liquiditätshilfen. Während die niedergelassenen Ärzte zum Ausbau ihrer Praxen günstige ERP-Kredite bekamen — selbst sechzigjährige Ärzte nahmen in ihrer Verunsicherung Kredite auf und sind nun zum Teil unverantwortlich hoch verschuldet —, erhielten Polikliniken keine solche Möglichkeiten.

Mit einem zinsgünstigen Landeskreditprogramm für Gesundheitszentren haben wir die Chancengleichheit nun wiederhergestellt. Während niedergelassene Ärzte ihre Leistungen nach Einzelleistungsvergütung abrechnen können, müssen Gesundheitszentren sich mit ungünstigen Pauschalen begnügen. Während Ärzte Zulassungen zu Einzelniederlassungen erhalten, wenn noch Bedarf besteht, dürfen Gesundheitszentren nur die Disziplinen besetzen, die sie an einem bestimmten Stichtag hatten. In Brandenburg wird jetzt vor dem Sozialgericht für das Recht von Gesundheitszentren geklagt, Fachärzte bei Bedarf neu einstellen zu können. So sieht die Chancengleichheit von Gesundheitszentren und freien Einzelniederlassungen im wirtschaftlichen Wettbewerb aus, die wir von Anfang an gefordert haben.

Für mich liegen die Vorteile der Gesundheitszentren klar auf der Hand. Und auch der weitaus größere Teil der Einwohner der früheren DDR, das geht aus Umfragen hervor, empfindet die Schließung der Polikliniken als herben Verlust. Sie wollen weiterhin die unterschiedlichen Disziplinen unter einem Dach versammelt finden. Das erspart ihnen Wege und die mühselige Suche nach Fachärzten, verschiedenen mittleren medizinischen Diensten und Beratungsstellen. Im Gesundheitszentrum können Laborantinnen, Physiotherapeuten, Sozialarbeiter und Diätassistentinnen durch ihre Tätigkeit für mehrere Ärzte ausgelastet werden. Alle Beteiligten profitieren davon, während eine Einzelpraxis sich solchen Aufwand natürlich meist nicht leisten kann. Die Patienten werden also an Ort und Stelle mit Diagnose, Therapie und Beratung gleichermaßen gut versorgt. Auch die Verzahnung von gesundheitlicher und sozialer Betreuung unter einem Dach ist in einigen Fällen realisiert. Und ich möchte dort auch den so wichtigen und endlich entstehenden Selbsthilfegruppen – die, weil schwer zu kontrollieren, in der DDR nicht erwünscht waren – Stützpunkte schaffen. Die Gesundheitszentren können Räume für ihre Treffen zur Verfügung stellen und fachliche Beratung anbieten. Die Diätassistentin beispielsweise kann dann in der Küche des Hauses Kochkurse für Übergewichtige veranstalten und die Physiotherapeutin Übungsstunden im Gymnastiksaal.

Ärzte können in den Brandenburger Gesundheitszentren, ganz wie sie es wünschen, als Niedergelassene oder als Angestellte einer GmbH arbeiten. Auf jeden Fall sind ihnen ständiger Austausch und schnelle Konsulationen untereinander möglich. Und die Krankenkassen sollten sich über die Vorteile der Gesundheitszentren eigentlich die Hände reiben. Teure Medizintechnik ist durch mehrere Ärzte viel günstiger auszulasten; sie amortisiert sich fast automatisch. Untersuchungen, die nur der Auslastung der Geräte dienen, für die aber oft keine zwingende medizinische Notwendigkeit besteht, erübrigen sich.

Wenn ich mir etwas in den Kopf gesetzt habe, dann lasse ich so schnell nicht locker. Und meine Ideen haben meine Mitarbeiter manches Mal schon in Verlegenheit gebracht. Zu Beginn meiner Amtszeit als Ministerin sagte ich meist, was ich wollte und auf welchem Wege ich es wollte. Und die Experten antworteten: So geht es nicht, daß paßt nicht ins System, gesetzliche Bestimmungen stehen dem entgegen. Jetzt stelle ich es schlauer an. Ich nenne mein Ziel und bitte meine Fachleute, Wege dahin vorzuschlagen. Das setzt Kreativität frei, wir haben schon schier Unmögliches geschafft.

Die DDR hatte, zum Beispiel, kein Versorgungssystem für Kriegsopfer und Kriegerwitwen. Als es nach der Vereinigung endlich auch in den neuen Ländern eingeführt wurde, drohten die Ansprüche der alten Menschen an den viel zu langsam mahlenden Mühlen der Bürokratie zu scheitern. Sie brauchten das kleine Zubrot zur Rente sehr bald oder gar nicht mehr. Gegen anfängliche Schwierigkeiten fanden wir schließlich einen vereinfachten Weg zur Erteilung vorläufiger Bescheide, die betroffene Frauen relativ schnell in den Genuß einer Kriegerwitwenrente brachten. Diesen Weg gingen dann auch die anderen neuen Länder.

Glücklich waren wir zunächst auch über einen anderen Erfolg. Es tat mir in der Seele weh, daß Bewohner von Pflegeheimen – die in der DDR zum großen Teil in beklagenswertem Zustand, aber für jeden erschwinglich waren – erst ihr Sparkonto leerräumen mußten, bevor sich die Sozialhilfe an der Finanzierung der Pflegeplätze beteiligte. Die Reserven vieler Rentner im Osten – vorgesehen, den Lebensabend ein wenig angenehmer zu gestalten und Kindern und Enkeln hin und wieder eine kleine Freude zu machen – waren durch die Währungsunion ohnehin auf etwa die Hälfte zusammengeschmolzen. Wenn nun der Heimplatz zweitausend Mark kostet, die Rente aber nur achthundert Mark beträgt, müßten vom Konto tausendzweihundert Mark pro Monat dazugezahlt werden. Vor dem Umtausch waren das zweitausendvierhundert Ost-Mark, für die man viele Jahre sparen mußte. Ein unerträglicher Gedanke für mich, daß jeden Monat das mühsam Ersparte von Jahren hergegeben werden sollte. Ich wollte das bis zur Einführung der bereits heftig diskutierten Pflegeversicherung unbedingt verhindern. Und wir fanden in Brandenburg eine Lösung, die Aufschub für ein Jahr brachte. Leider hat sie nicht viel genutzt. Die Pflegeversicherung kommt viel zu spät, um die kleinen Sparkonten der alten Menschen noch zu retten.

Um politischen Willen mit Ideenreichtum durchzusetzen, braucht man Kenner der Materie. Und die kommen natürlich meist noch aus den westlichen Bundesländern. Ehe wir in Brandenburg uns in alle Details und Spitzfindigkeiten eingefuchst haben, wird wohl noch eine ganze Weile vergehen.

An dieser Stelle endlich muß ich ein großes Loblied auf meine Mitarbeiter im Ministerium – Staatssekretäre, Abteilungsleiter, Referatsleiter – anstimmen, von denen etliche gesicherte, komfortable, angenehme Verhältnisse im heimischen Westen aufgegeben haben, um uns hilfreich, erfinderisch und energisch unter die Arme zu greifen.

Staatssekretär Olaf Sund zum Beispiel war, ehe er nach Brandenburg übersiedelte, Präsident des Landesarbeitsamtes Nordrhein-Westfalen. Sein Büro befand sich in einem wundervollen Gebäude mit gut funktionierender Infrastruktur. Seine Mitarbeiter waren hervorragend qualifiziert, zum Personalrat bestand ein gutes Verhältnis, und an Arbeitslosen mangelt es auch im Westen nicht. Projekte, an denen er sich beweisen konnte, gab es genug. Und mit seinem Gewissen durfte er wegen häufiger schneller Hilfseinsätze im Osten durchaus im reinen sein. Dieser Mann nun verließ mit fast sechzig Jahren seinen Freundeskreis und eine respektable Wohnung in Düsseldorf und bezog mit seiner Frau ein paar möblierte Zimmer in West-Berlin. Zunächst ohne eingearbeitete Sekretärin und funktionierendes Telefon, begann er mit dem Aufbau unseres Ministeriums und stellte sich einem

Heer von Brandenburger Arbeitslosen, das in Westdeutschland nicht seinesgleichen hat. Menschen wie Olaf Sund sind es, die mir immer wieder Mut und Kraft geben und ohne die ich kaum eine meiner Vorstellungen verwirklichen könnte.

Auf einem Fragebogen wurde ich einmal gefragt, wen ich auf eine einsame Insel mitnehmen würde. Die Antwort lautet auch heute noch: meine Familie und meine Staatssekretäre.

4
Kinder, seid willkommen!

Seit ich Politikerin bin, werde ich immer wieder gefragt, wie ich denn alle meine Verpflichtungen unter einen Hut brächte. Es ist eigentlich ganz einfach: Ich arbeite vom Morgen bis zum späten Abend, oft bis in die Nacht hinein, und vermeide jede Zeitverschwendung. Der tägliche Terminplan ist so dicht gefüllt, daß er Bummelei gar nicht zuläßt. Ein zuverlässiges, fürsorgliches Büro kümmert sich um eine strenge, effektive Einteilung meiner Zeit. Da brauche ich mir überhaupt keine Sorgen zu machen.

Früher hat nie jemand nach meinen vielfältigen Belastungen gefragt. Für wen auch sollte mein Alltag von Interesse gewesen sein? Er sah nicht anders aus als der anderer berufstätiger Mütter und Ehefrauen: drei Kinder mit all ihren Ansprüchen und Überraschungen; Aufmerksamkeit für Probleme in Kindergarten und Schule; ein Haushalt mit fünf Personen und vielen Gästen; Zuwendung für Eltern und Schwiegereltern; Ärger mit der Wohnungsverwaltung; Warten auf Handwerker; Umherrennen nach den einfachen Dingen des täglichen Bedarfs; Hektik kurz vor Ladenschluß; Schlangestehen an der Kaufhallenkasse... Und ein Beruf, der mehr verlangte als täglich acht Stunden Anwesenheit und Dienst nach Vorschrift. Das war, wenn ich es heute recht bedenke, mit jedem neuen Tag eine logistische Meisterleistung und ein ständiger Kraftakt. Es ist kein Wunder, daß den

Frauen im Osten Zähigkeit und Organisationstalent nachgesagt werden.

Alte Verhaltensmuster sind offensichtlich gerade im häuslichen Bereich besonders zählebig. Immer noch sind viele Frauen dankbar und gerührt, wenn ihr Mann gelegentlich im Haushalt zugreift. In dieser Hinsicht unterscheidet sich die Situation in Ost und West nur geringfügig. In der Familie Hildebrandt ging es zum Glück von jeher gerechter zu. Mein Mann kümmerte sich von selbst um das jeweils Notwendige. Im Winter wärmte er uns als Kohlenschlepper und Heizer vom Dienst — bei fünf Zimmern eine tragende Rolle im Familienensemble. Einige Jahre brachte er die Kinder zum Kindergarten, weil ich schon sehr früh das Haus verlassen mußte. Lange war auch das Einkaufen seine Domäne. Nie sind wir auf den Gedanken gekommen, einen Katalog getrennter Verantwortungs- und Tätigkeitsbereiche auszutüfteln. Faul war keiner, blind auch nicht. Was zu tun war, sah jeder selbst.

Zweiundneunzig Prozent der Frauen in der DDR übten einen Beruf aus. Nur sechs Prozent hatten keine abgeschlossene Ausbildung, die Hälfte der Hochschulabsolventen war weiblich. Junge Frauen lernten und studierten nicht einfach zu ihrem Vergnügen oder um die Zeit bis zur Eheschließung zu überbrücken. Nach dem Examen zu heiraten und sich vom Ehemann versorgen zu lassen, galt als abwegiger Gedanke. Heiraten, Kinder bekommen und wieder an seinen Arbeitsplatz zurückkehren — so war es üblich. Und die Frauen wollten es auch nicht anders. Noch heute möchten fünfundachtzig Prozent der Frauen im Osten drei Jahre nach der Geburt eines Kindes ihren Beruf wiederaufnehmen.

Als nach der Wende die große Arbeitslosigkeit auf uns zukam, prophezeiten westliche Experten, die Frauen würden als erste ihren Beruf aufgeben. Wenn es ernst wird, behaupteten sie, bleiben die Frauen sowieso freiwillig zu Hause und entlasten die Arbeitslosenstatistik. Warum sollte das im Osten anders sein, als es im Westen schon immer war? Inzwischen müssen sie zugeben, sich gründlich geirrt zu haben. Die Realität beweist, daß sich Frauen im Osten sogar weniger leicht in ihr Schicksal fügen als Männer. Viele Männer nehmen ihre Abfindung in Empfang, sofern sie eine bekommen, melden sich beim Arbeitsamt und warten erst einmal ab. Die meisten Frauen dagegen werden sofort aktiv: Sie kümmern sich um Umschulung, Weiterbildung oder eine neue Stelle. Leider bewahrt ihre Beharrlichkeit sie nicht vor der knallharten Realität, daß zwei Drittel der Arbeitslosen Frauen sind. Frauen, zumal mit Kindern, haben von vornherein schlechtere Karten. Wollen sie mitmischen, müssen sie stärker kämpfen als Männer.

Dabei geht es ihnen nicht nur um finanzielle Unabhängigkeit oder den meist so notwendigen Anteil am Familienbudget: Etwa ein Drittel steuerten die Frauen in der DDR zum Familieneinkommen bei; in der Bundesrepublik waren es früher nur achtzehn Prozent. Es geht den Frauen im Osten auch darum, längst erobertes Terrain, ihre anerkannte Stellung im öffentlichen Leben, nicht wieder aufzugeben. Sie wollen sich nicht in die Küche und ins Kinderzimmer zurückschicken lassen. Sie sind es gewöhnt, auch außerhalb ihrer Familie geschätzt und gebraucht zu werden, Leistungsfähigkeit zu beweisen, sich Herausforderungen zu stellen, gute Kontakte zu Kollegen zu pflegen, Freude an gemeinsamer erfolgreicher Arbeit zu haben, Neues zu erfahren, zu erleben, sich zu entwickeln. »Mir fällt die Decke auf den Kopf« — mit diesem Satz beschreiben Frauen, denen das alles genommen wurde, am häufigsten ihre veränderte Situation.

Ich könnte jubeln vor Freude darüber, daß die Frauen sich mit der passiven Rolle, die ihnen nun wieder zugewiesen werden soll, nicht abfinden — obwohl ich in einer Familie aufgewachsen bin, in der allein der Vater das Geld verdiente. Er war der »Haushaltsvorstand«, Mutter war die Hausfrau. Ich verlebte eine behütete Kindheit und Jugend in familiärer Geborgenheit und Wärme. Und ich habe durchaus Verständnis für Frauen, die ausgefüllt und glücklich in ihrer Mutter- und Hausfrauenrolle aufgehen. Es sind im Osten Deutschlands aber nur zwei bis drei Prozent, deren Traum sich in diesem selbstbegrenzten Aktionsradius erfüllt. Auf jeden Fall bin ich dagegen, daß Frauen zu ihrem »Glück« gezwungen werden. Zu meiner großen Freude teilen auch nur sehr wenige Männer im Osten die Meinung, daß Frauen an den Kochtopf gehören.

Meine Mutter, die Hausfrau, hat meinen Wunsch und Willen geprägt, selbständig zu sein. »Lernt was Vernünftiges«, sagte sie ihren Kindern. Und zu mir: »Du als Mädchen auch. Du sollst einen guten Beruf haben, und du sollst ihn auch ausüben.« Als mein Mann von den Bausoldaten zurückkam, war er ohne Beruf, da er sein Studium in West-Berlin 1961 abbrechen mußte. Für ein mögliches Studium in Ost-Berlin benötigte er eine abgeschlossene Berufsausbildung. Also begann er als »gärtnerische Hilfskraft im Anlernverhältnis« — mit schrecklich wenig Geld. Ich aber hatte inzwischen mein Diplom und eine feste Arbeit. Es spielte bei uns nie eine Rolle, wer das höhere Gehalt bezog. Keiner von uns wäre je auf den Gedanken gekommen, vom eigenen Lohnstreifen besondere Rechte abzuleiten oder Minderwertigkeitsgefühle zu entwickeln.

Die Vereinten Nationen riefen 1994 das »Jahr der Familie« aus, Naturschützer das »Jahr des Weißstorchs«. Der Storch, das stelle ich auf meinen Fahrten über Land immer wieder mit Vergnügen fest, fühlt sich wohl in Brandenburg. Treu kommt er in jedem Frühjahr aus seinem südlichen Winterquartier zurück und nistet auf märkischen Dächern und Türmen.

Wie aber steht es um Vater, Mutter, Kind? Ob die Familie ein Auslaufmodell ist oder ein Modell mit Zukunft, darüber gehen die Meinungen seit langem weit auseinander. Ich jedenfalls glaube fest an die Zukunft der Familie, und zwar nicht nur der mit Trauschein der Eltern, sondern auch aller anderer auf Dauer angelegten gemeinsamen Lebensformen von Erwachsenen mit Kindern oder Angehörigen der älteren Generation. Vielleicht würde ich anders darüber denken, wenn ich nicht stets – bei allen Konflikten und Problemen innerhalb der Familie – ihre selbstverständliche Gemeinschaft und ihre Zuwendung erfahren und später selbst an die Kinder weitergegeben, an die Eltern zurückgegeben hätte. Wenn die Gesellschaft im großen und ganzen gut funktionieren soll, dann müssen ihre Mechanismen in den überschaubaren Verflechtungen der Familie erlebt und der Umgang mit ihnen dort geübt werden. Verantwortungsbewußtsein, Mitmenschlichkeit, Freude an Gemeinsamkeit, das Gefühl für die Zusammengehörigkeit der Generationen verkümmern, wenn sie nicht bereits im Alltag der Kinder und Jugendlichen ihren angestammten Platz haben. Dazu gehört aber auch die Fähigkeit des Austragens von Konflikten, des Ertragens von Eigenarten, der Bewältigung problematischer Situationen.

Mein Mann und ich sind seit über fünfundzwanzig Jahren glücklich verheiratet. Ernstere Krisen hat es in unserer Ehe glücklicherweise nicht gegeben. Die Kinder konnten sich des Zusammenhalts der Familie immer sicher sein. Wenn sie solche Gewißheit und Geborgenheit auch in ihrem erwachsenen Leben für erstrebenswert halten und an ihre eigenen Kinder weitergeben, dann haben wir einiges erreicht.

Wir verbrachten sehr viel Zeit gemeinsam mit unseren

Kindern, mehr, als es heute leider in vielen Familien üblich ist. Zum ausgiebigen, gemeinsamen Abendbrot trafen wir uns täglich an unserem großen Tisch. Dann wurde ausführlich erzählt, was tagsüber los war, welche besonderen Neuigkeiten oder Probleme es gab. Sonnabends, sonntags kamen die anderen Mahlzeiten dazu. Und Oma war immer dabei. Die späten Nachmittage und Abende, die Wochenenden und Urlaube gehörten den Unternehmungen mit den Kindern: Basteln, Spielen, Wandern, Musizieren, Schwimmen, Rudern, Ski- und Schlittschuhlaufen, Chorsingen und immer natürlich Erzählen, vom Kindergarten, von der Schule, von den Freunden. Einen Fernsehapparat hatten wir ja nie. Daß unsere Kinder ihre Freunde und Klassenkameraden nach Hause mitbringen konnten, war selbstverständlich. Oft hatten wir die Wohnung oder den Garten auch voller Nichten und Neffen, Cousins und Cousinen. Kuchenbacken für zwanzig Esser war eine Routinesache, das wurde von mir oder den größeren Kindern nebenbei erledigt.

In wie vielen Nachtschichten habe ich vorgearbeitet, um in den zahlreichen Ferien mit den Kindern verreisen zu können! Es waren fast immer kleine Reisen innerhalb der DDR, zu Verwandten oder Freunden. Wir mußten uns »etwas Schönes« einfallen lassen, um sie interessant zu machen. Als Hobbyfotografin habe ich natürlich alles festgehalten. Viele, viele Alben gehören auch heute noch zu unserem Alltag. Wenn ich spät am Abend nach Hause komme, liegen sie oft aufgeschlagen im Wohnzimmer. Die Kinder, heute alle über zwanzig und zum Teil schon aus dem Haus, haben sich dann wieder einmal Fotos aus der jüngeren oder ferneren Vergangenheit angesehen, sich an unsere gemeinsamen Erlebnisse erinnert und an die Verwandten und Freunde, die dabei waren. Um solche lebendigen Bilder machen zu können, muß erst einmal Leben »in der Bude« sein, und daran hat es bei uns nie gefehlt.

Man konnte sich in der DDR relativ leicht und unkompliziert scheiden lassen. Von dieser Möglichkeit wurde rege, oft gewiß auch leichtfertig, Gebrauch gemacht. Die Frauen waren durch ihre Berufstätigkeit wirtschaftlich selbständig und konnten, unabhängig von ihren Männern, einen neuen Lebensabschnitt beginnen. Tatsächlich gingen die Scheidungsbegehren zum größeren Teil von Frauen aus. Diese Entscheidungsfreiheit sehe ich jetzt in großer Gefahr. Frauen, die von einem »Versorger« abhängig sind, müssen sich gezwungenermaßen in ihren Ehen und Familien einrichten, wie unbehaglich und deprimiert sie sich dort auch fühlen mögen. Viele kapitulieren überdies vor der Unübersichtlichkeit des nun geltenden Scheidungsrechts. Um achtzig Prozent ging seit der Wende die Zahl der Scheidungen zurück.

Ich bin weder dafür, Ehen bedenkenlos zu schließen, noch sie überstürzt zu trennen. Wenn Hürden auf dem Weg zu einer gerichtlichen Scheidung dazu führen, daß beide Partner für einen Augenblick innehalten, sich stärker um die Erhaltung ihrer Ehe und Familie bemühen, ernsthaft miteinander reden, statt gleich auseinanderzurennen, und sich dabei vielleicht bewußt werden, daß die Ursachen ihrer Konflikte mit gegenseitigem Verständnis und gemeinsamem guten Willen aus der Welt zu schaffen sind, dann erfüllen sie einen sinnvollen Zweck. Ehen aber, die nur unter äußeren Zwängen erhalten bleiben, sind eine entwürdigende Qual.

Man mag mich in dieser Hinsicht konservativ nennen: Ich sehe – eben aufgrund meiner eigenen guten Erfahrungen und der Beispiele im Kreis der erweiterten Familie, der Freunde und Kollegen – große Vorteile in der Ehe; ihre im Vergleich zu anderen Lebensgemeinschaften größere Verbindlichkeit kann in Krisensituationen stabilisierend wirken und retten, was wirklich zu retten ist und sich zu retten lohnt. In Deutschland wachsen zur Zeit noch sechsundachtzig Prozent der Kinder und Jugendlichen bis zu achtzehn Jahren bei ihren in erster Ehe verheirateten, leiblichen Eltern auf.

Diese »klassische« Familie ist allerdings trotz der noch stattlichen Zahl mehr und mehr im Schwinden. Natürlich schätze ich auch andere Formen des familiären Zusammenlebens mit Kindern, das unverheirateter Paare und das alleinerziehender Mütter und Väter. Niemand hat sich in die Wahl der persönlichen Lebensführung einzumischen. Daß »uneheliche« Kinder und ihre Eltern in der Bundesrepublik weniger Rechte genießen, heißt genau genommen, daß sie für nicht ganz »vollwertig« befunden werden. Kinder und Familien zweiter Klasse – das ist mittelalterliches Denken am Ende des zwanzigsten Jahrhunderts, ein Skandal, der nicht mehr geduldet werden dürfte.

Vierundachtzig Prozent der Ostdeutschen, aber nur neunundsechzig Prozent der Westdeutschen sagten zu Beginn der neunziger Jahre, sie brauchten die Familie zu ihrem Glück. Tatsächlich wurde in der DDR früher und öfter geheiratet, und nur achtzehn Prozent der Ostdeutschen, aber siebenunddreißig Prozent der Westdeutschen blieben kinderlos – Zahlen, die nichts über Ursachen und Hintergründe verraten.

In der DDR sprach vieles dafür, eine Familie zu gründen, und wenig dagegen. Es gab nicht viele Dinge, die von dieser Lebensform ablenken oder attraktiver erscheinen konnten. Die weite Welt kennenzulernen, blieb ein unerfüllter Wunsch. Karrieremöglichkeiten stießen bald an ihre Grenzen; vielen war Karriere, da mit »Staatsnähe« verbunden, sogar suspekt. Junge Ehen und Familien wurden bevorzugt mit Wohnungen und günstigen Krediten bedacht; manche Ehe wurde leider mehr aus solchen materiellen Gründen denn aus Liebe geschlossen und hielt auch nicht lange. Mütter kamen in den Genuß eines bezahlten Babyjahres und konnten auch während eines dreijährigen Erziehungsurlaubs ihres Arbeitsplatzes sicher sein. Waren die Kinder krank, wurden die Mütter großzügig freigestellt. In Krippen, Kindergärten und Schulhorten wußten sie ihren Nachwuchs in der Regel gut aufgehoben und für wenig Geld verpflegt, gleichzeitig allerdings mehr oder weniger starkem ideologischen Einfluß ausgesetzt. Müttern und verheirateten Frauen stand in jedem Monat ein bezahlter, arbeitsfreier Haushaltstag zu. Mit Überraschungen, bösen wie erfreulichen, war kaum zu rechnen – Arbeit und Einkommen gesichert, die Zukunft programmiert, das Leben also vorhersehbar geregelt, ein bißchen langweilig, aber ohne Risiko. Grundnahrungsmittel kosteten wenig, Kinderkleidung wurde so stark subventioniert, daß Erwachsene mit kleinen Größen sie gern für die eigene Garderobe kauften und damit schwer zu stopfende Lücken ins spärliche Angebot rissen.

Die Ausbildung der Töchter und Söhne war keine Frage des Geldes. Kinder aufzuziehen, brachte natürlich auch in der DDR finanzielle Einschränkungen und manches andere Problem mit sich – in erster Linie auch dort für alleinerziehende Mütter –, aber es war kein unerschwinglicher Luxus. Die DDR, man kann es nicht bestreiten, war ein kinderfreundliches Land. Daß ihre Führung sich mit dem Anspruch, »alles zum Wohle des Volkes« zum besten zu bestellen, seit langem übernommen hatte und sich ihre »sozialen Errungenschaften« unter wirtschaftlichem Gesichtspunkt gar nicht leisten konnte, muß der Gerechtigkeit halber gesagt sein. Dem Kindersegen aber tat das keinen Abbruch.

Der Vereinigungsschock mit all seinen ökonomischen und sozialen Verwerfungen, Unsicherheiten, Existenzängsten sitzt desto tiefer. Vier Fünftel der jungen Leute in Brandenburg haben heute noch den Wunsch, zu heiraten und zwei Kinder großzuziehen. Doch wie viele werden ihn sich erfüllen? Im Osten Deutschlands werden fünfundsechzig Prozent weniger Ehen geschlossen und sechzig Prozent weniger Kinder geboren als vor der Wende. Langsam, sehr langsam, werden sich diese Zahlen den westdeutschen angleichen. Doch auch dieses Niveau ist traurig. Mit Sonntagsreden zum Lob der Familie können Politiker nicht mehr darüber hinwegtäuschen, daß die reiche Bundesrepublik kein kinderfreundliches Land ist. Illusionslose Betrachter, wie der ehemalige Präsident des Bundesverfassungsgerichts Wolfgang Zeidler, drücken es drastisch aus: »In jedem Wolfsrudel gilt selbstverständlich die Instinktregel, daß die Aufzucht des Nachwuchses vorrangige Aufgabe für alle ist. Doch unser hochorganisiertes und zivilisiertes Staatswesen verfügt nicht einmal über den Verstand eines Wolfsrudels.« Zahlen und Fakten sprechen eine nüchterne Sprache. Das größte Armutsrisiko in Deutschland und Westeuropa sind, nach Angaben der Europäischen Union, Kinder! Familien mit drei und mehr Kindern und Alleinerziehende sind ihm am stärksten ausgesetzt. Siebenundsiebzig Prozent der alleinerziehenden Mütter in den alten Bundesländern lebten 1991 mit ihren Kleinkindern unterhalb der Armutsgrenze. Jeder zweite Sozialhilfeempfänger ist ein Kind; bundesweit leben mehr als eine Million Kinder und Jugendliche von Sozialhilfe. Fünfzigtausend Jungen und Mädchen sind obdachlos.

Vom Beginn bis zum Ende der achtziger Jahre stiegen Bruttosozialprodukt, Bundeshaushalt, Löhne und natürlich auch die Preise um zweistellige Prozentbeträge. Die Leistungen des Familienlastenausgleichs dagegen lagen 1990 um über hundert Millionen Mark niedriger als 1981.

Zu diesem »Lastenausgleich« ist unbedingt ein Wort zu sagen. Die Differenz zwischen dem finanziellen Aufwand, der einem jeden Kind zugestanden wird, und den tatsächlichen Unterhaltskosten beträgt im Monat über dreihundert

Mark — die von den Eltern zu versteuern sind. Von den etwa vierzig Milliarden Mark, die der Staat damit an seinen jüngsten Bürgern verdient, flossen 1993 sechsunddreißig Milliarden als familienpolitische Leistungen an die Eltern zurück, die also für ihr Kinder- und Erziehungsgeld nicht nur selbst aufkamen, sondern sogar noch draufzahlten. Wen wundert es, daß die Bevölkerung der Bundesrepublik in ganz Europa den geringsten Anteil an Kindern hat?

Solange Kommunen aus finanziellen Gründen nicht genügend Kindergartenplätze bereitstellen, für zahlreiche Autostellplätze, prächtige Wasserspiele und gediegenes Straßenpflaster aber eine Menge Geld ausgeben, werden sich viele Frauen zu entscheiden haben: Arbeit, Anerkennung und auskömmlicher Verdienst oder Kinderliebe, Wärme und Sozialhilfe.

Ich bin der Überzeugung, daß der Artikel 6 des Grundgesetzes dringend einer Ergänzung bedarf. Der Vorschlag der SPD: »Wer in familiärer Gemeinsamkeit Kinder erzieht oder für Hilfebedürftige sorgt, ist durch den Staat zu fördern. Der Staat fördert ebenso die Möglichkeiten für Frauen und Männer, die Erfüllung ihrer Familienpflichten mit der Erwerbstätigkeit und der Teilnahme am öffentlichen Leben zu vereinbaren.« Eine solche Formulierung, höre ich sagen, begründet noch keinen Rechtsanspruch auf Förderung. Schöne, aber leere Worte?

Ich glaube, daß im Grundgesetz klar erkennbare Zeichen gesetzt werden müssen, wenn sich in einer so bedeutsamen Frage das gesellschaftliche Klima wandeln soll. Der Staat hat kinderfreundliche Rahmenbedingungen zu schaffen. Teilnehmendes Verständnis dafür, daß Kinder unser aller Zukunft sind, ist aber tagtäglich und an allen Orten vonnöten. Es beginnt, wo Jungen und Mädchen auf Spielplätzen weithin hörbar lärmen und toben, und darf noch lange nicht enden, wo Familien mit kleinen Kindern angemessenen Wohnraum beanspruchen.

Solange Kinder nur in ihrer engsten Umgebung erwünscht und geliebt, außerhalb ihrer Familie aber bestenfalls geduldet werden, leidet die Gesellschaft an einem Defekt. Übrigens ist in unserem Ergänzungsvorschlag zum Artikel 6 ausdrücklich von Frauen *und* Männern die Rede. Männer, die Erziehungsurlaub nehmen, gelten immer noch als ausgefallene Exemplare ihrer Gattung, und solange sie selbst nicht bereit sind, für ihren Nachwuchs wenigstens zeitweise im Beruf zurückzustecken, und die Sorge um die Kinder als weibliche Domäne betrachten, wird sich daran auch nichts ändern. Doch sie versagen sich eine große Freude, die durch keinen Erfolg im Geschäft zu ersetzen ist.

Meine Partei, die SPD, verlangt entschieden, jedes Kind müsse dem Staat gleich viel wert sein. Statt von siebzig Mark für das erste bis zu zweihundertvierzig Mark für das vierte und jedes weitere Kind, sollen einheitlich für jedes Kind zweihundertfünfzig Mark gezahlt werden, vom vierten Kind an sogar noch hundert Mark mehr. Das wäre ein erster Schritt zu größerer Gerechtigkeit, der vor allem Familien mit kleinen und mittleren Einkommen zugute käme. Von den ungerechten steuerlichen Kinderfreibeträgen profitieren doch bisher die Eltern am stärksten, die auch am meisten verdienen.

Ich selbst träume heimlich von sechshundert Mark für jedes Kind; damit könnte annähernd das tatsächliche Existenzminimum gedeckt werden. Doch das, so sagen mir die Experten, erfordere eine fünfprozentige Erhöhung auf alle Steuerarten; und ich schweige vorläufig fein still. Schon zweihundertfünfzig Mark für jedes Kind würden die Bundesrepublik in jedem Jahr fünfzig Milliarden kosten. Die aber müßten wenigstens aufgebracht werden, und sie lassen sich kostenneutral aufbringen.

Wir leben in einem reichen Land. Ich bin allerdings der nicht überall populären Überzeugung, daß die vorhandenen Mittel falsch und ungerecht verteilt sind. Wir brauchen eine neue Steuergerechtigkeit mit einer allen zumutbaren, ausgeglichenen Verteilung der Lasten. Wer im Monat zweitausend Mark verdient, kann kaum noch etwas abgeben; wer aber monatlich zweitausend Mark Steuern zahlt, sollte noch Reserven haben. Eigentum verpflichtet — dieser Grundsatz wird doch von vielen nur akzeptiert, solange es nicht ans eigene Konto geht.

In Deutschland sind in Jahrzehnten Privatvermögen angehäuft worden, die sich meinem — in bezug auf Geld zugegebenermaßen recht begrenzten — Vorstellungsvermögen entziehen. Erbschaften in schwindelerregenden Höhen zählen nicht mehr zu den seltenen Ausnahmen. So schlau bin ich in der aktiven Politik unterdessen allerdings geworden, daß ich weiß: Mit ausgeprägtem Gerechtigkeitssinn allein richtet man nichts aus, auch Realitätssinn ist notwendig. Es ist ja auch nicht schwer zu begreifen, daß hohe Vermögenssteuern das Vermögen in die Ferne flüchten lassen. Und dann bleibt uns nicht nur wenig, sondern gar nichts. Ich halte es aber beispielsweise für richtig und möglich, große Erbschaften stärker zu besteuern.

Anders sieht es schon mit dem sogenannten Ehegattensplitting aus. Es verursacht gegenwärtig jährliche Steuerverluste von mehr als dreißig Milliarden Mark. Die dreifache Ungerechtigkeit, die in diesem Verfahren liegt, läßt mir keine Ruhe. Erstens begünstigt das Splitting hohe Einkommen wieder einmal am meisten. Zweitens subventioniert es allein die Ehe, nicht aber das Vorhandensein von Kindern. Und drittens wirkt es sich am vorteilhaftesten aus, wenn nur ein Ehepartner verdient; es bevorzugt also die »Versorgerehe« und bestraft die gleichberechtigte Berufstätigkeit von Mann und Frau. Wen es allerdings verlockt, das Ehegattensplitting aus diesen einleuchtenden Gründen abzuschaffen, muß sich von Gesetzesexperten belehren lassen: Er hätte schnell eine Verfassungsklage am Hals, denn das Grundgesetz stellt nicht nur die Familie, sondern auch die Ehe unter den besonderen Schutz des Staates. Und einmal festgeschriebene Vergünstigungen können nicht ohne weiteres wieder entzogen werden. Die SPD will aber wenigstens die besonderen Vorteile für hohe Einkommen beschneiden und das Ehegattensplitting um ein Drittel einschränken. So gewonnene Mittel kämen Familien mit Kindern zugute.

Auf Dauer aber sind nicht nur einzelne Korrekturen nötig. Grundsätzlich sollten Kinderlose stärker an den Lasten der Kindererziehung beteiligt werden. Sich für oder gegen Kinder zu entscheiden, ist gewiß Privatangelegenheit, ungewollte Kinderlosigkeit oft ein schwer zu tragendes Schicksal. Ein gedeihliches Klima für die jüngste Generation aber muß Sache der ganzen Gesellschaft werden. Auf dem Weg dahin klaffen meine Wünsche und die Wirklichkeit noch weit auseinander. Nötig ist der politische Wille — im Rahmen der Möglichkeiten und immer hart an ihren Grenzen —, Schritt für Schritt auf größere Gerechtigkeit zuzugehen. Daß in den vergangenen Jahren vielfach das Gegenteil geschah, daß die Kluft zwischen Arm und Reich immer tiefer wird, ist für mich unerträglich.

Manche Wünsche gehören wirklich in das Reich der Illusion. Aber: Zwei wahrlich nicht in Reichtum schwimmende neue Bundesländer, Brandenburg und Sachsen-Anhalt nämlich, sehen sich, nur als Beispiel, als einzige in Ost und West in der Lage, allen Kindern bis zum zwölften Lebensjahr den Rechtsanspruch einer Ganztagsbetreuung in Krippen, Kindergärten und Schulhorten zu garantieren. Meine große Sorge ist, daß wir manche unserer unter Mühen geretteten Einrichtungen wegen des dramatischen Geburtenrückgangs doch noch werden schließen müssen. Meine Hoffnung bleibt, daß wir sie möglichst bald wieder brauchen werden.

Der Bürgermeister einer kleinen brandenburgischen Gemeinde nahm nach der Vereinigung die aus der DDR stammende Gepflogenheit wieder auf, für jedes Neugeborene, trotz knapper Kassen, ein »Begrüßungsgeld« von tausend Mark zu zahlen: Kinder, ihr seid uns willkommen! Ich hörte davon und war skeptisch: Das ist keine Lösung. Aber was wäre denn eine? Bis wir eine kinderfreundliche Gesellschaft mit gerechtem Familienlastenausgleich erreichen, wird viel Zeit vergehen. Wir brauchen einen langen Atem und inzwischen Zeichen des guten Willens im Rahmen unserer Möglichkeiten.

Also tausend Mark für jedes Neugeborene! Seit kurzem werden Brandenburger Babys wieder auf so sympathische Weise im Leben empfangen. Niemand macht sich vor, daß junge Eltern mit tausend Mark aller Sorgen ledig wären. Aber der Sinn der Geste wird verstanden.

Eine kinderfreundliche Gesellschaft bietet, so denke ich, zugleich den besten Schutz für das ungeborene Leben. Um es von vornherein zu sagen: Für mich ist Schwangerschaftsabbruch keine Form der Geburtenregelung. Und ich bin sicher, daß selbst die Mehrheit aller Frauen, die sich jemals zu diesem Schritt durchgerungen haben, meine Meinung teilt. Welche Frau entschließt sich denn leichtfertig dazu, ohne das oft quälende Abwägen des Für und Wider? Ein Abbruch muß aber möglich sein, wenn sich eine Frau, nach dem Versagen oder der Vernachlässigung von Verhütungsmitteln und nach reiflicher Überlegung, gegen eine Mutterschaft entscheidet, weil sie sich nicht in der Lage sieht, ihr Kind behütet großzuziehen.

Wenn das geborene Leben die Fürsorge genösse, die es braucht, um unbeschwert von Not aufzuwachsen, müßte man um den Schutz des ungeborenen Lebens viel weniger Aufhebens machen. In den manchmal geradezu hysterischen Kampagnen der »Lebensschützer« offenbart sich für mein Empfinden ein großes Maß an Phärisäertum und Lieblosigkeit. Eine von Armut bedrohte alleinerziehende Mutter ist doch nicht nur deshalb allein, weil sie ohne Mann lebt, sondern auch, weil sie von der Gesellschaft im Stich gelassen wird. Wer fragt nach ihr und nach den berechtigten Ansprüchen, die auch ihr Kind ans Leben stellt? Wer fragt nach dem Schicksal unerwünschter, ungeliebter, obdachloser, mißhandelter Jungen und Mädchen?

In welchem Bereich des gesellschaftlichen Lebens herrscht mehr Heuchelei als in der Diskussion um den Paragraphen 218? Solange in der Bundesrepublik die medizinische Indikation für eine Interruptio – und vor Jahren selbst für die Verordnung von Kontrazeptiva – gesetzlich vorgeschrieben war, wußten sich Frauen eben mit den notwendigen ärztlichen Attesten zu versehen. Scheinheilige Konstruktionen wurden von der Gesellschaft stillschweigend toleriert, Forderungen nach freier Entscheidung dagegen stießen auf den scharfen Protest der selbsternannten Verteidiger des ungeborenen Lebens. »Mißgeschicke« der eigenen Tochter oder der heimlichen Geliebten allerdings wurden oft genug eilig und diskret aus der Welt geschafft.

Die Ergebnisse von zwanzig Jahren Fristenlösung in der DDR sprechen für mich eine deutliche Sprache. Unbeeinflußt von jeder aufgezwungenen Beratung und bei freier Entscheidung der Frauen, gab es prozentual nicht mehr Abtreibungen als in der Bundesrepublik unter den Bedingungen von Indikationslösung, Bevormundung und gesellschaftlichem Druck. Dafür lag die Geburtenrate in der DDR deutlich höher. Die häufige Entscheidung für die Geburt eines Kindes war eindeutig den kinderfreundlichen Bedingungen zu danken. Auch kinderreiche Familien — sie wurden vom Staat ausdrücklich gefördert — und die vielen alleinstehenden Mütter hatten die Gewißheit, ihre Töchter und Söhne ohne materielle Not aufziehen zu können.

Antibabypillen wurden von den Ärzten in der DDR selbstverständlich kostenlos abgegeben. Bei den Verhandlungen zum Einigungsvertrag legte ich großen Wert darauf, diese Regelung unbedingt beizubehalten, und es wurde tatsächlich festgeschrieben, daß die Ostdeutschen wenigstens in der Anfangsphase von Zuzahlungen zu ihren Medikamenten verschont bleiben sollten. Hinterher mußten wir allerdings feststellen, daß in der Bundesrepublik Kontrazeptiva nicht zu den Arzneimitteln zählen. Wenigstens in Brandenburg gaben wir die Verhütungsmittel in den ersten Jahren trotzdem gratis ab.

Für mich war die Kombination von kostenfreiem Schwangerschaftsabbruch entsprechend der noch gültigen Fristenregelung und selbst zu bezahlender Antibabypille absurd. Leider konnten wir auf Bundesebene die kostenlose Abgabe von Kontrazeptiva nicht für alle, sondern nur für junge Frauen bis zu zwanzig Jahren durchsetzen. Zumindest bezahlen wir aber in Brandenburg Frauen mit relativ geringem Einkommen die »Pille« aus Landesmitteln. Auch für Schwangerschaftsabbrüche kommt bei diesem Personenkreis ein Landesfonds auf, und mit den Brandenburger Kliniken verabredeten wir moderate finanzielle Bedingungen. Ich halte es für unsozial und entwürdigend, Frauen in einer so schweren Situation auch noch mit großen wirtschaftlichen Belastungen zu bestrafen.

Bevormundet und schulmeisterlich beraten wurden wir in der DDR auf allen möglichen Gebieten. Nur in der Frage des

Schwangerschaftsabbruchs drängte sich den Frauen wirklich niemand auf; wenn sie Rat brauchten, mußten sie ihn suchen. Aus meiner Sicht wären mehr Angebote zu einfühlsamer Beratung sogar wünschenswert gewesen. Wozu aber Zwang schließlich führen kann, haben wir gesehen. Deshalb finde ich es unerträglich, daß eine Gesellschaft, die Freiheit als ihr höchstes Gut feiert, nun vor die sehr persönliche Entscheidung für oder gegen ein Kind die Pflichtberatung setzt. Zu einer verständnisvollen Hilfe, wie wir sie in Brandenburg mit einem Netz von Konfliktberatungsstellen für Schwangere anbieten, gehört doch die Aufgeschlossenheit der ratsuchenden Frau. Sie weiß selbst am besten, wieviel Hilfestellung sie wünscht. Das Prinzip ist aber ganz und gar auf den Kopf gestellt, wenn es allein in der Macht der Beraterin steht, zu bestimmen, wann eine Beratung abgeschlossen ist und wie oft sie die Schwangere herbeizitiert. Ich kann nur hoffen, daß die Schwangeren in der Regel weitherzig, kompetent und unaufdringlich zu ihrer Entscheidung begleitet werden. Alles andere muß Frauen in ihrer Menschenwürde verletzen und sie empören, statt ihnen mit konkreter Hilfe Mut zu machen. Ganz nebenbei: Wie lange würden sich Männer eine derartige Behandlung gefallen lassen?

5
Teilen lernen

Deutschland ist im Umbruch. Das ist noch längst nicht jedem Westdeutschen wirklich ins Bewußtsein gedrungen. Für die meisten Menschen nehmen Veränderungen erst Gestalt an, wenn sie ihnen dicht auf den eigenen Leib rücken. Im Osten kann sich ihnen niemand mehr entziehen, sie sind für jeden mit Händen zu greifen, ohne daß die Phantasie strapaziert werden müßte. Es gibt eine Menge zu tun, aber wer packt es an? Vielen ist es verwehrt, den Wandel mitzugestalten.

»Krempelt die Ärmel hoch, und legt euch ins Zeug« — diese bis zum Überdruß gehörte Aufforderung an die Ostdeutschen empört mich. Konnte man sie anfangs noch für eine aufmunternd gemeinte Gedankenlosigkeit halten, ist sie heute nichts als blanke Demagogie. Mehr als die Hälfte der in der DDR Berufstätigen ist von der Arbeit verdrängt worden. Ihre Kenntnisse, Fähigkeiten, Berufsabschlüsse sollen plötzlich nichts mehr wert sein, und sie müssen bittere Einkommenseinbußen hinnehmen, jetzt, da unwiderstehliche Verlockungen und Verheißungen allgegenwärtig sind. Über eine Million registrierter Arbeitsloser im Osten sucht eine neue Tätigkeit. Eine weitere knappe Million wird vorerst von Kurzarbeit, Umschulung, Fortbildung oder ABM aufgefangen, droht aber aller Voraussicht nach, in naher Zukunft das Arbeitslosenheer zu vergrößern. Fast eine Million Menschen, fünfundfünfzig Jahre und älter, wurde mit Altersübergangs- oder Vorruhestandsgeld nach Hause geschickt; damit ist eine ganze Generation vom Arbeitsmarkt verschwunden. Zwanzig Prozent der Rentner waren früher berufstätig, sie haben das Feld für die Jüngeren geräumt. Und wer spricht noch von denen, die keinen Anspruch mehr auf Arbeitslosengeld oder Arbeitslosenhilfe haben? Nur wer trotzdem einen letzten Rest von Hoffnung bewahrt hat und sich immer aufs neue beim Arbeitsamt meldet, wird von der Statistik überhaupt noch als arbeitsuchend erfaßt. Die Entmutigten, die aufgegeben haben, zählt niemand. Ich ermuntere die Arbeitsuchenden immer wieder, sich regelmäßig beim Arbeitsamt vorzustellen. Wer Politik auf realistischer Grundlage machen will, darf sich nicht mit lückenhaften Statistiken zufriedengeben.

»Abspecken« und »Gesundschrumpfen« wird es heutzutage genannt, wenn sich Unternehmen zu sanieren versuchen, indem sie sich von Mitarbeitern trennen. Was für ein Gefühl, ein lästiges Fettpolster zu sein, das zum Zweck der Genesung abgeworfen werden muß! In Brandenburg wie in den anderen neuen Ländern hat der »Gesundungsprozeß« meist ganze Regionen getroffen. Im Teltower Gebiet blieben von 12 500 Arbeitsplätzen in drei großen Elektronikbetrieben hundert in einer kleinen Splittereinrichtung übrig; daß es dort trotzdem etwas weniger trostlos aussieht als anderswo, haben die Teltower nur dem glücklichen Umstand zu verdanken, daß sie im Berliner Umland leben. Die Lausitzer Bergbau AG hat 25 000 von 45 000 Mitarbeitern entlassen, das Chemiefaserwerk Guben mehr als 6000 von 7200. Im Halbleiterwerk Frankfurt, in der besonders problematischen Grenzregion an der Oder, arbeiten noch 300 von 6000, in der Cottbuser Textilbranche 150 von 9000, in der Stahlindustrie von Eisenhüttenstadt weniger als 2000 von ehemals 12 000 Beschäftigten.

Und es sind nicht nur die Arbeitsplätze in der Produktion, die vernichtet wurden. In den Großbetrieben und Kombinaten gab es auch viel Arbeit »am Rande«: in Handwerkerbrigaden, die undichte Dächer und Wasserhähne reparierten; in Werkstätten, die Ersatzteile für importierte Maschinen in Handarbeit herstellten, die man sonst nur für Westgeld beschaffen konnte, über das man aber nicht verfügte; auf eigenen Sportplätzen, in Kulturhäusern, Ambulatorien, Betriebsküchen und -verkaufsstellen, Kindergärten, Ferienheimen, Kinderferienlagern. Die Betriebe waren Mittelpunkt und Träger einer ganzen Infrastruktur, eine andere hatten die Regionen oftmals nicht. Das Kulturhaus war, neben der Kneipe und dem Kino, der Ort, an dem sich die Menschen trafen; und auch die Kinos sind inzwischen längst geschlossen. Mit den Betrieben brachen also Möglichkeiten gesellschaftlichen Lebens zusammen – ganze Landstriche veröden nicht nur durch Arbeitslosigkeit, sondern auch durch Verlust an Kommunikation. In florierenden westdeutschen Unternehmen sind über Jahrzehnte ebenfalls großzügige soziale Einrichtungen entstanden und gewachsen, wie sie auch im Osten wuchsen. Aber hier gehen sie nun verloren und lassen Leere zurück. Kleine Welten sterben.

In dieser Situation, in der die Menschen sich kaum noch allein helfen können, ist die Politik gefordert, mehr zu tun, als nur die schlimmste Not zu lindern. Statt dessen wurde in Bonn eine unerträgliche Diskussion über den Mißbrauch von Sozialleistungen angezettelt. Die Arbeitslosen müssen sich nun ohne Sinn und Notwendigkeit wieder regelmäßig auf den Arbeitsämtern melden, die ohnehin überlastet sind und viel zu wenige Stellen anzubieten haben. Eine ganze bürokratische Maschinerie wird in Gang gesetzt, um vorzuladen, zu mahnen, zu kontrollieren. Das ist nichts als Verschwendung von Material und Energie. Arbeitslose werden zu potentiellen

Arbeitsscheuen gestempelt; sie fühlen sich nicht mehr nur benachteiligt, ihnen werden womöglich auch noch Schuldgefühle eingeredet. Mit dem Finger wird auf »Gammler- und Sozialhilfekarrieren« gezeigt, die sich in manchen westdeutschen Familien angeblich schon auf die dritte Generation »vererbt« haben. Ich dagegen erinnere daran, daß im Osten jeder beweisen konnte, daß er zu arbeiten in der Lage ist, weil jeder Arbeit hatte. Bei einigen mußte nachgeholfen werden, das gibt es überall. Asoziale »Karrieren« nehmen nur da ihren verhängnisvollen Lauf, wo die Gesellschaft sie nicht verhindert. Sie sind kein angeborener Makel, sondern eine traurige Entwicklung unter unzulänglichen gesellschaftlichen Bedingungen, denen der einzelne oft hilflos ausgeliefert ist.

Wer über Galgenhumor verfügt, könnte das Desaster auch so deuten, daß die Massenarbeitslosigkeit im Osten dem einzelnen sogar noch einen Vorteil bietet: Er erlebt seine Situation als kollektives Schicksal, nicht als individuelles Versagen und persönliche Diskriminierung. Statt sich zu schämen und zu verstecken, finden sich vielerorts Schicksalsgefährten zusammen, die Selbsthilfegruppen, Arbeitslosen-, Frauen- und Vorruhestandsinitiativen gründen. Auch Langzeitarbeitslose sind stärker motiviert, als es im Westen oft der Fall ist. Noch. Auf die Dauer nehmen sie aber ebenfalls Schaden an ihrer Persönlichkeit, werden häufig anfällig für Alkohol-, Spiel- und Drogensucht, ihre Familien leiden unter dem sozialen Abstieg und laufen Gefahr, zerrüttet zu werden. Langzeitarbeitslose bleiben außerdem in ihrer beruflichen Qualifikation zurück und sind um so schwerer wieder in den Arbeitsprozeß einzugliedern. Schließlich unterliegen manche von ihnen mit der Zeit dem Einfluß extremer und ausländerfeindlicher Parolen. Ihre »Logik« ist schlicht: Es geht mir selbst schlecht genug, meine Zukunftsaussichten sind miserabel, ich will nicht auch noch ausländische Konkurrenten auf dem viel zu engen Arbeitsmarkt.

Natürlich gibt es Schwarzarbeiter unter Arbeitslosen und Sozialhilfeempfängern, das weiß jeder. Ein bis zwei Milliarden Mark, besagen grobe Schätzungen, könnten pro Jahr durch die rigorose Unterbindung des Sozialmißbrauchs eingespart werden. Man kann aber auch eine andere Rechnung aufmachen: Hundertfünfzig Milliarden könnte eine energische Bekämpfung des Steuermißbrauchs einbringen. Es ist merkwürdig, daß darüber eher hinter vorgehaltener Hand gesprochen wird. Die Gesellschaft im allgemeinen und ein kompletter Wirtschaftszweig mit Beratungsfirmen, Anwälten und Steuerexperten im besonderen entfalten einen unerschöpflichen Erfindungsreichtum, um Steuern zu sparen, wenn nicht gar zu hinterziehen. Ich denke, dem Land und uns allen wäre besser gedient, würden wir diese geballte Intelligenz, diese Energie und diese Kreativität darauf richten, neue Wege zu gerechterer Verteilung von Arbeit und Wohlstand zu finden.

Ein stetig zunehmendes Defizit an Arbeitsplätzen ist nicht das Problem der Ostdeutschen allein. Viele ihrer Schwierigkeiten, aber längst nicht mehr alle, kann man der verheerenden Mißwirtschaft der DDR anlasten. Noch fallen die Stellen vor allem dem Zusammenbruch von Betrieben in Landwirtschaft und Industrie zum Opfer. Bald aber wird auch in den neuen Bundesländern der technologische Wandel zur Hauptursache rückläufiger Beschäftigungszahlen werden. Früher galt es als Gesetz, daß wirtschaftliche Prosperität einerseits Arbeitsplätze schafft, andererseits den Staat in die Lage versetzt, für die soziale Sicherheit seiner Bürger einzustehen. Die soziale Komponente der Marktwirtschaft ist aber in Gefahr, seit auch in Konjunkturzeiten für wachsende Produktion immer weniger menschliche Arbeitskraft benötigt wird. Wenn vorrangig oder sogar ausschließlich in die Technik investiert wird, funktioniert das klassische Modell sozialer Sicherheit nicht mehr uneingeschränkt. Es beruht auf dem Ausgleich von Benachteiligungen und Ungerechtigkeiten durch Sozialleistungen, die vor allem aus Beiträgen und Steuern finanziert werden, deren Höhe wiederum von der wirtschaftlichen Entwicklung abhängig ist. Bis vor kurzem waren also Wachstum, Arbeit und soziale Sicherheit eng miteinander verbunden. Seit aber wirtschaftliche Wachstumsraten ohne zusätzliche menschliche Tätigkeit zu erzielen sind, durch Lohn- und Lohnnebenkosten sogar behindert werden, greifen die Faktoren der sozialen Marktwirtschaft nicht mehr reibungslos ineinander. Das goldene Kalb Bruttosozialprodukt fordert immer größere Opfer, menschliche und ökologische, die in absehbarer Zeit überhaupt nicht mehr zu verkraften sind.

Wenn auch meine Gedanken oft um die Entwicklung in Deutschland kreisen, zielen sie doch auf das globale Problem. Lebensräume von Tieren und Pflanzen werden vernichtet, die Natur nimmt irreparablen Schaden. Mehr und mehr Menschen werden auf Dauer von einer regelmäßigen Erwerbstätigkeit ferngehalten; viele Jugendliche sind vom Arbeitsleben von Anfang an ausgeschlossen; Ansprüche auf Sozialleistungen können nicht erworben werden. Diese Aussonderung zerstört die Kommunikation und deformiert die Persönlichkeit. Ist der Wohlfahrtsstaat bald am Ende seines Lateins?

Die hohen Sozialausgaben der Bundesrepublik sind überwiegend Folgekosten von Arbeitslosigkeit und falscher Wirtschaftspolitik. Viel Geld wird ausgegeben, um notdürftig das Kind zu verarzten, das schon in den Brunnen gefallen ist, nicht aber, um es vor dem Fall zu bewahren. Die Politik muß endlich beginnen, statt der Folgen die Ursachen der sozialen Nöte zu bekämpfen.

In der Brandenburger Verfassung steht seit 1992 ein bemerkenswerter Satz: »Das Land ist verpflichtet, im Rahmen seiner Kräfte durch eine Politik der Vollbeschäftigung und Arbeitsförderung für die Verwirklichung des Rechtes auf Arbeit zu sorgen, welches das Recht jedes einzelnen umfaßt, seinen Lebensunterhalt durch frei gewählte Arbeit zu verdienen.« Das ist eine von mir immer wieder betonte Verpflichtung zu politischem Handeln, und sie wird nicht dadurch geschmälert, daß es ein einklagbares Individualrecht auf einen Arbeitsplatz nicht gibt. Sie ist keine populistische Forderung, wenn wir sie mit Inhalt erfüllen. Die Politik muß an praktischen Beispielen zeigen, auf welchen Wegen vielen Menschen die Teilhabe an Arbeit, selbstverdientem Einkommen und erfülltem gesellschaftlichen und privaten Leben möglich wird. Das geht nur in kleinen, wirksamen Schritten. Wer alles auf einmal schaffen will, ist entweder ein Phantast oder ein Schaumschläger, der überhaupt nichts erreichen wird.

Daß der Markt mit dem freien Spiel der Kräfte automatisch alles zum besten regelt, trifft, wie wir sehen, zumindest im Bereich der Arbeit nicht mehr zu. Der Spruch eines Bundeswirtschaftsministers: »Wirtschaft findet in der Wirtschaft statt« und die Politik habe darin nichts zu suchen, muß in den Ohren eines Arbeitslosen zynisch klingen. Der Staat ist gefordert, Wirtschafts- und Arbeitsförderungspolitik vernünftig miteinander zu verzahnen. Die in Ostdeutschland mit viel Aufwand und Geld aufgebaute beschäftigungspolitische Brücke – die Bereitstellung von ABM-Stellen in großer Zahl – bröckelt schon stark und reicht nicht ans andere Ufer. Zeitweilige individuelle Förderung und Beschäftigung von Arbeitslosen wirkt über die einzelne Maßnahme nicht ausreichend hinaus. Die Wirtschaftsentwicklung hat nicht Schritt gehalten, die Entlassung aus der ABM führt in vielen Fällen doch in die Arbeitslosigkeit oder in die nächste Förderungsmaßnahme und nicht, wie beabsichtigt, zu einem festen Arbeitsplatz.

Wirksame Maßnahmen zur gerechteren Verteilung der Arbeit müßten mit der Reduzierung der Überstunden beginnen. Streß, Zeitmangel, Kräfteverschleiß sind ein Modethema für Lebenshilfeseiten und Ratgebersendungen geworden. Relativ wenige Menschen arbeiten zuviel und kommen kaum zum Durchatmen, während viele untätig zu Hause sitzen müssen. Durch Vermeidung von Überstunden, so haben Experten errechnet, könnte derzeit etwa eine Million Arbeitnehmer pro Jahr zusätzlich beschäftigt werden.

Die Verkürzung der regulären Arbeitszeit wird in Zukunft ein wichtiges Mittel, wenn auch kein Allheilmittel sein, mehr Menschen am Arbeitsleben teilnehmen zu lassen. Statt hundertprozentiger Verkürzung für fünfzehn Prozent der Arbeitswilligen und Arbeitsfähigen — die Arbeitslosen nämlich —, müßten fünfzehn Prozent Verkürzung für alle erreicht werden. Voller Lohnausgleich ist dabei in der aktuellen Situation der Wirtschaft gewiß nicht möglich. Gewerkschaften und Betriebsräte müssen, um Arbeitsplätze zu retten, mehr Bereitschaft zu Kompromissen zeigen, ohne sich auf unzumutbare Bedingungen einzulassen, die ihnen natürlich zuerst einmal angeboten werden.

Die Zeiten sind nicht danach, für niemanden, unbeweglich auf Standpunkten zu beharren, die vielleicht früher einmal richtig waren. Prinzipien darf man nicht verraten, aber muß man denn davon ausgehen, daß ein Gegner immer ein Feind ist? Einem akzeptierten Verhandlungspartner kann man doch, ohne leichtgläubig und kritiklos zu sein, ebenfalls Vernunft und guten Willen unterstellen. Natürlich darf man die eigenen Interessen nie aus den Augen verlieren. Doch wenn wir nicht in den verschiedensten Bereichen der Gesellschaft zum Dialog finden, werden wir uns immer öfter in sinnlosen Konfrontationen verschleißen. Das gilt auch für die Politik der Parteien: Wer eingefahrene Wege verlassen will, hat die härtesten Auseinandersetzungen manchmal im eigenen Lager auszutragen.

Zeit meines Lebens hielt ich mich für eine einigermaßen kompromißlose Person. Seit ich in der Politik tätig bin, habe ich dazugelernt: Nur sehr selten gilt es, zwischen einer guten und einer schlechten Möglichkeit zu entscheiden; meist bleibt einem nur, das kleinere Übel zu wählen. Wer immer nach dem Motto »Alles oder nichts« verfährt, handelt womöglich verantwortungslos und wird am Ende oft mit leeren Händen dastehen.

Die Volkswagen AG beispielsweise hat durch die Einführung der Viertagewoche die Entlassung von mehr als dreißigtausend Mitarbeitern für mindestens zwei Jahre verhindert. Einbußen am Monatslohn müssen nicht hingenommen werden, wohl aber an den jährlichen Sonderzahlungen. In den neuen Bundesländern stoßen ähnliche Regelungen jedoch auf weniger Gegenliebe. Urlaubs- und Weihnachtsgeld werden hier nicht so üppig verteilt, und Minderungen der ohnehin schon niedrigen monatlichen Einkommen sind ein sehr herber Verlust. Fünfundachtzig Prozent von siebzig Prozent des »Westtarifs« sind eben nur noch knapp sechzig Prozent.

Ich plädiere dafür, daß der Staat unzumutbare Einbußen verhindert. Arbeitslosenunterstützung und -hilfe, die man ja einspart, wenn Arbeitsplätze erhalten bleiben oder neu geschaffen werden, wären in solchen Wechseln auf die Zukunft gut angelegt. Leider tut sich die Bundesanstalt für Arbeit aber mit solchen Lösungen schwer. Oft streicht sie lieber, statt umzuverteilen. Auch mit Mitteln des Landes und der Gemeinden, zu denen die Sozialhilfe gehört, lassen sich ein begrenzter Lohnausgleich und die Zahlungen von Versicherungsbeiträgen bestreiten. Kürzlich wurde solch eine Regelung für die Kindergärtnerinnen der Stadt Brandenburg getroffen. Alle hundert zu streichenden Stellen konnten für die nächsten Jahre gerettet werden, weil die Frauen verkürzte Arbeitszeiten akzeptierten und die Stadtverordnetenversammlung gewissen Zuschüssen zum Teilzeitarbeitsentgelt zustimmte. Vielleicht ist das sogar eine Lösung, bis wieder mehr Kindergartenplätze gefragt sind, und die freie Zeit, die dieses Modell beschert, kann zur Fortbildung genutzt werden.

Die Aktivierung von passiven Sozialleistungen, wie Sozialhilfe und Arbeitslosenunterstützung, hat auch schon andere Erfolge gebracht. »Arbeit statt Arbeitslosigkeit finanzieren« heißt unser Brandenburger Programm. Jeder junge Mann, der von einem Betrieb zusätzlich zu den bereits eingestellten Lehrlingen in die Lehre genommen wird, bringt seinem Chef viertausend Mark mit. Da Mädchen schlechtere Chancen haben, bekommen Unternehmen für weibliche Lehrlinge sogar ein »Startkapital« von siebentausend Mark. Arbeitslose Frauen über fünfundvierzig Jahre können ihrem neuen Arbeitgeber für eine unbefristete Stelle einen »Scheck« über zehntausend Mark präsentieren. Der Paragraph 249 h des Arbeitsförderungsgesetzes erlaubt es uns, Arbeitslose und von Arbeitslosigkeit Bedrohte mit einem »Lohnkostenzuschuß Ost« in der Umweltsanierung und in sozialen Diensten zu beschäftigen; beispielsweise bei der Rekultivierung von Braunkohletagebauen, bei der Betreuung von Behinderten oder im Naturschutz. Die besonders interessierten Ministerien für Wirtschaft, Umwelt, Soziales, Landwirtschaft und Jugend steuern Mittel zur materiellen Ausrüstung der Projekte bei. Arbeitslose gibt es in Brandenburg zu viele und Arbeit mehr als genug. Man muß sie nur zusammenführen.

Nicht immer allerdings hängt der Erfolg einer Initiative nur vom Geld ab. Zur Rettung von Arbeitsplätzen wurde kürzlich auch einem großen Gubener Unternehmen eine Arbeitszeitverkürzung vorgeschlagen. Durch Zuschuß von Landes- und Sozialplanmitteln konnte der Betrieb bei einer Arbeitszeit von knapp achtzig Prozent dreiundneunzig Prozent des bisherigen Lohnes zusichern. Während wir noch darauf warteten, ob auch der Bund Mittel bereitstellen würde, wurden die vierzig Namen, die auf der Entlassungsliste standen, bekannt. Bei der Abstimmung über die neue Verteilung der Arbeitszeit kam die nötige Mehrheit von drei Vierteln der Belegschaft nicht zustande. Arbeiter, die ihre eigene Stelle vorerst sicher wußten, ließen ihre Kollegen für sieben Prozent mehr Einkommen im Stich.

Solidarität ist ein Wort, das durch inflationären Gebrauch im »realen Sozialismus« arg gelitten hat. Für mich war Solidarität nie ein abstrakter Begriff, sondern eine lebendige Erfahrung, die mich geprägt hat – die unkomplizierte gegenseitige Hilfe in der kargen Nachkriegszeit, die selbstverständliche Mitmenschlichkeit in unserer Kirchengemeinde, der Zusammenhalt Gleichgesinnter gegen Bevormundung und Benachteiligung in der DDR. Solange wir nicht auch jetzt nach der Erkenntnis handeln, daß Benachteiligte und Bedürftige Anspruch auf Integration, auf unsere Zuwendung und Unterstützung haben, sind wir von gerechten, humanen Verhältnissen weit entfernt. Und Solidarität ist nicht nur Hilfe der Reichen für die Armen, der Starken für die Schwachen, sondern auch ein wichtiges Prinzip des Miteinanders von gleichen.

Wir leben in einer Zeit, in der etliche Reiche immer reicher und viele Arme immer ärmer werden. Vor Jahrzehnten frohlockten Experten, die offensichtlich im Elfenbeinturm saßen, bis zum Ende unseres Jahrhunderts könne die Armut aus der

Welt verschwunden sein. Statt dessen hat sich in den vergangenen zwanzig Jahren die Kluft zwischen größtem Reichtum und tiefster Armut auf das Doppelte vergrößert. Statt dreißigmal, sind die Reichen jetzt sechzigmal so wohlhabend wie die Armen. Die Schere öffnet sich immer weiter, statt sich zu schließen, und die Mitte löst sich langsam auf; Armut existiert nicht mehr nur unbemerkt am äußersten Rand der Gesellschaft, sie drängt ins allgemeine Bewußtsein. Die fortschreitende Polarisierung der Gesellschaft gefährdet auf Dauer auch in wohlhabenden Ländern den sozialen Frieden und die Grundlagen der Demokratie. Gesetzlosigkeit greift um sich in der Welt; es ist auch für die Privilegierten – Individuen wie Nationen – höchste Zeit, Sorglosigkeit und Dünkel aufzugeben und das Teilen zu lernen. Wer seine Existenz eines Tages nur noch hinter hohen Zäunen und gepanzerten Türen, im Schutz der Polizei und unter den Augen von Leibwächtern sicher wähnt, wird letztlich auch des Lebens nicht mehr froh werden.

Man kann von den Menschen nicht zuviel verlangen – nur sehr wenige sind bereit, sich für ihren Nächsten zu opfern. Selbstlosigkeit ist gar nicht erforderlich, aber Vernunft muß schon walten. Auch ich opfere mich nicht. Man hat mich schon »Mutter Teresa von Brandenburg« genannt. Das ist Unsinn. Ich bin weder sanftmütig noch altruistisch. Ich habe, mehr zufällig als geplant, Aufgaben übernommen, für die ich, wie sich herausgestellt hat, offenbar besser geeignet bin als mancher andere. Gerechtigkeitssinn, Disziplin und ein gesunder Ehrgeiz bestimmen mich dazu, sie so gut zu erfüllen, wie es in meinen Kräften steht. Ich habe sogar Spaß daran, engagiert und gegebenenfalls mit aller Härte für eine Sache zu streiten, die ich für richtig halte.

Private Interessen – das Zusammensein mit der Familie und mit Freunden, das Singen in der Berliner Domkantorei –

muß ich im Augenblick zu meinem großen Bedauern wirklich sehr vernachlässigen. Ich habe aber nie gesagt, daß das immer so bleiben wird.

Wir dürfen eine Verbesserung unserer Lage nicht passiv vom segensreichen Wirken höherer Mächte erhoffen. Soziale Sicherheit als Betreuung »von der Wiege bis zur Bahre«, die ohne eigenes Zutun funktioniert, ist ein frommer Wunsch: Heute und in Zukunft gibt es sie weniger denn je. Eine gute Sozialpolitik — das ist ihre anspruchsvolle, verantwortungsreiche Aufgabe — schafft lediglich den tragfähigen Rahmen, den die Mitglieder der Gesellschaft tätig und kreativ füllen müssen. Sie können das, meiner Meinung nach, desto besser, je mehr ihre Beziehungen untereinander von Gemeinsinn geprägt sind.

Ich halte die Auflösung der traditionellen Strukturen die, wie man hört, irgendeinem geheimnisvollen Zeitgeist geschuldet sein sollen, für gefährlich. Sie führt zu Vereinzelung, Entwurzelung, Beliebigkeit und Unverbindlichkeit. Mein Leben hat mich gelehrt, daß die menschliche Natur nach einer Geborgenheit verlangt, die Familie, Freundschaft, Nachbarschaft, Kollegenkreis geben können, nicht aber der Staat, und sei er um das Wohl seiner Bürger noch so besorgt. Ich finde Angler- und Gesangsvereine, Feuerwehrkapellen und Handarbeitszirkel nicht altmodisch. Die Integration unterschiedlichster Menschen in eine Gemeinschaft unterstützt die Mechanismen einer richtigen Sozialpolitik, und die Sozialpolitik sollte alle Formen solcher Gemeinsamkeit fördern.

Die Integration aller in die Gesellschaft ist das Ziel, dem wir durch stetige Anstrengung möglichst nahe kommen müssen. Ausgrenzung schafft Probleme und ist immer ungerecht. Das Brandenburger Programm für Behinderteneinrichtungen, Alten- und Altenpflegeheime ist ein Beispiel dafür, wie ich mir Integration vorstelle. Viel zu oft werden alte, pflegebedürftige, behinderte Menschen und psychisch Kranke in großen Heimen oder Krankenhäusern abseits allen Alltagslebens untergebracht. In unserem Bewußtsein sind sie nur noch als unterdrücktes schlechtes Gewissen präsent. Aussortiert und abgeschoben nenne ich das! Alten Menschen wollen wir, so lange wie möglich, ihr häusliches Milieu erhalten; wir bauen altersgerechte Wohnungen oder gestalten normale Wohnungen so um, daß auch Senioren darin zurechtkommen. Sozialstationen übernehmen die medizinische und soziale Betreuung; Kurzzeitpflege im Krankheitsfall ist in ortsnahen, relativ kleinen Alten- und Altenpflegeheimen möglich. Seniorentreffs, Gemeindezentren und ähnliche Einrichtungen ermöglichen Gemeinsamkeit über den familiären Rahmen hinaus. Wenn alte Menschen doch in ein Heim müssen, sollen sie ihr neues Zuhause möglichst in vertrauter Umgebung und in der Nähe ihrer Familien finden.

Für die Integration von Menschen mit Behinderungen haben wir in Brandenburg das gleiche Konzept. Sie gehören zu uns, in die Familien oder in deren Nähe. Fördermöglichkeiten müssen in Ortsnähe vorhanden sein. Derzeit entwickeln wir ein abgestimmtes Angebot von Einzelwohnungen, betreutem Wohnen in Gruppen und kleinen Heimen. Auf den engen Kontakt zu den Menschen der Umgebung legen wir größten Wert, auch und gerade bei der Integration psychisch Kranker, die natürlich den Aufbau von besonderen Betreuungsstrukturen erfordert.

Selbstverständlich aber brauchen wir auch Arbeitsmöglichkeiten für körperlich und geistig behinderte Menschen, und wir verfügen über ein Netz von engagiert betreuten Behindertenwerkstätten. Für noch erfreulicher halte ich die Beschäftigung Behinderter in den geschützten Abteilungen normaler Betriebe. Sie sind dort Kollegen unter Kollegen und werden nach Tarif bezahlt, statt nur ein Taschengeld für ihre

Arbeit zu bekommen. Solche Arbeitsplätze gab es bereits in der DDR; einige konnten wir erhalten, andere neu einrichten. Weit über fünfhundert sind es zur Zeit. Das Land Brandenburg stattet sie mit Anschubfinanzierung, Lohnkostenzuschüssen und qualifiziertem Betreuungspersonal aus.

In stabilen, überschaubaren Strukturen und Gemeinschaften können sich überdies die Kräfte der Selbsthilfe am besten entfalten. Soziale Sicherheit wird leider noch viel zu oft auf den passiven Genuß von Leistungen, auf finanzielle Unterstützung im Notfall, auf die Betreuungspflicht des Staates reduziert. Ein Mensch, der Wohnung, Nahrungsmittel und Kleidung bezahlen kann, ist noch längst nicht aller Sorgen und Wünsche ledig; er möchte verreisen, Bücher kaufen, sich sein Hobby leisten, Geschenke machen, Feste feiern. Die meisten wollen aber vor allem etwas, das für Geld nicht zu haben ist: eine sinnvolle, nützliche Tätigkeit. Menschen wollen gebraucht werden, sie suchen Anerkennung, Erfolg und Perspektive. Selbstverwirklichung ist ein recht strapazierter Begriff. Ich benutze ihn hier trotzdem, weil er sagt, was ich meine: daß man selbst etwas tun, jedenfalls alles versuchen sollte, das Leben in die eigenen Hände zu nehmen. Im Zusammenhalt einer Gemeinschaft ist das leichter als allein.

Manchem erscheint es wie ein Hohn, auf dem Arbeitsamt immer wieder zu hören: Was haben Sie selbst unternommen, um einen Arbeitsplatz zu finden? Zugegeben, das klingt oft wie eine rhetorische Frage. Abgesehen davon, daß die Arbeitsämter tatsächlich von der Fülle der Probleme an die Grenzen ihrer Leistungsfähigkeit gedrängt werden und selbst ja keine Stellen aus dem Boden stampfen können, liegt aber keine Ignoranz darin, sondern eine Erinnerung daran, daß Abwarten und Stillhalten die Chancen schmälern. Für überzeugende Konzepte haben unsere Töpfe der Arbeitsförderung noch immer Mittel hergegeben. Vom beschwerlichen Weg durch die Instanzen sollte sich niemand entmutigen lassen.

Das ist es, was Sozialpolitik im besten Fall erreichen kann: daß Menschen, vom Staat ausreichend unterstützt, ermutigt und gefördert, für ihr eigenes Leben und für die Probleme ihres gesellschaftlichen Umfelds Verantwortung fühlen und wahrnehmen. So stelle ich mir ein funktionierendes Gemeinwesen vor.

6
Demokratie braucht Bewegung

Ob mir wohl der Name »Mutter Courage« gefiele, werde ich gefragt, wenn ich schon nicht die »Mutter Teresa von Brandenburg« sein will. Leider liegt meine Zeit häufiger Theaterbesuche schon länger zurück, doch die »Courage« ist mir in lebhafter Erinnerung geblieben — als eine zwiespältige Figur allerdings. Ihre Unbelehrbarkeit, durch die sie im Dreißigjährigen Krieg ein Kind nach dem anderen verliert, möchte ich nicht auf mich bezogen wissen. Wenn der Name mir einfach Mut bescheinigen will, bin ich, in aller Bescheidenheit, einverstanden.

Gewiß wirke ich oft sehr bestimmend, auf manchen sogar rechthaberisch. Unbelehrbar bin ich nicht, ich lerne dauernd dazu. Allerdings kann ich zu Ungerechtigkeit und Dummheit nicht schweigen, ich bin keine Diplomatin und spreche nicht durch die Blume. Mein Temperament, meine Streitlust, wenn es sich lohnt, für eine gute Sache zu kämpfen, machen mir nicht nur Freunde.

Mit dem auf mich gemünzten Slogan »Wer schreit, hat recht« wollten politische Widersacher sogar schon in den Wahlkampf ziehen — »Gegen Lügner in der Politik«. Nun, die oft beschworene »Brandenburger Toleranz« bewährte sich einmal mehr — das Plakat wurde ohne allzu großes Aufsehen zurückgezogen.

Wer aufsteht und sagt, wie es ist und daß es nicht gut ist

derzeit, ist kein Scharfmacher, sondern ein Realist. Schönfärberei, halbe Wahrheiten und handfeste Lügen waren leider nicht nur »sozialistische Errungenschaften«; man begegnet ihnen allenthalben. Politiker haben aber, denke ich, nicht das Recht, Wahrheit je nach ihrem taktischen Nutzen zuzuteilen oder vorzuenthalten. Wenn ich auf Mißstände und Gefahren hinweise, will ich nicht drohen, sondern stimulieren und motivieren, sie aus der Welt zu schaffen.

Wenn das Wort von der »Mutter Courage« meint, daß ich anderen unbeirrt und resolut immer wieder Mut mache, will ich auch nicht widersprechen. Die Leute sollen nicht zu mir aufblicken, sie sollen etwas für sich und andere tun. Ich bin der festen Überzeugung, daß die Demokratie, in der wir jetzt leben, gute Voraussetzungen dafür bietet. Demokratie ist aber kein Zustand, sondern ein Prozeß: Man muß sich bewegen, um sie am Leben zu erhalten.

Meist ist das sehr beschwerlich, denn Demokratie heißt ja nicht, daß sich immer durchsetzt, was man selbst für vernünftig und wünschenswert hält. Man muß für die Mehrheiten, die man in diesem System braucht, überzeugend kämpfen, und manchmal bekommt man sie auch bei bestem Willen nicht zustande! In der Öffentlichkeit kennt man mich als energisch und zuversichtlich, es gibt aber auch Momente tiefer Enttäuschung – glücklicherweise selten. Als ich 1993 das Urteil des Bundesverfassungsgerichts zum Paragraphen 218 hörte, war das für mich wie ein Schlag in die Magengrube. Ich rapple mich aber schnell wieder auf. Solange ich etwas bewirken kann, läßt mich meine Kondition nicht im Stich. Wenigstens von den Frauen in Brandenburg will ich nun, da auch hier Schwangerschaftsabbruch wieder rechtswidrig, wenn auch straffrei ist, psychische und finanzielle Zumutungen abwenden.

Wenn ich niedergeschlagen bin, fahre ich durchs Land und

hole mir Kraft bei den Menschen, die wie ich nicht aufgeben. Mich richten auch kleine Erfolge auf, ich freue mich über einen Kindergarten, der trotz geringer Zahl von Kindern durch Öffnung für andere Aufgaben gerettet werden konnte; über den ersten Spatenstich zu einem Hof für Menschen mit Behinderung mitten in einem Brandenburger Dorf; über zehn neue Arbeitsplätze für Frauen über fünfzig Jahre in einem kleinen Gärtnereibetrieb — Ergebnis eines Existenzgründungsprojekts arbeitsloser Frauen.

Die Leute gehen mir nicht aus dem Weg, sondern kommen auf mich zu, sie beklagen sich über ihre Lage, sie erzählen mir von Fortschritten, sie kritisieren mich gnadenlos, wenn sie keinen Fortschritt sehen. Ich sage ihnen jedesmal: Bewahrt euch dieses Selbstbewußtsein, laßt euch nicht einschüchtern, tretet für eure Interessen ein, fordert die Politiker, und bewegt euch selbst.

Mir ist in der Mark Brandenburg fast jeder Winkel vertraut. In diesem Land trage ich Verantwortung, hier gestalte ich Rahmenbedingungen. Natürlich kann ich nicht selbst überall und in jedem Einzelfall zupacken, aber ich bin doch, indem ich mich umschaue, zuhöre und Rat gebe, dicht am Leben und eng mit den Leuten verbunden. Ich sehe, ob unsere Politik richtig ist und was wir noch besser machen können. Ich vergesse nicht, daß hinter den Statistiken auf dem Schreibtisch meines Potsdamer Büros die Schicksale von Menschen stehen. Ich will für ihre konkreten Interessen arbeiten, nicht für eine abstrakte Vorstellung, wie die Welt auszusehen hätte.

Man hat mich einmal gefragt, ob ich in der Situation, in der wir uns heute befinden, auf die Menschen hoffe oder auf ein Wunder. Und ich habe geantwortet: Wenn denn ein Wunder nötig ist, müssen es die Menschen vollbringen. Ich glaube nicht an das vernichtende Urteil, daß der Mensch nur egoistisch, raffgierig, gewalttätig ist. Ich bin Optimistin, weil mich kleine und große Beispiele jeden Tag eines Besseren belehren. Viele Menschen engagieren sich wie ich, auch wenn die Verhältnisse oft gegen sie und ihre guten Absichten stehen. Dieser Einsatz macht mich glücklich.